SAMIR
TUEUR DES QUARTIERS NORD

Marc LA MOLA

SAMIR

TUEUR DES QUARTIERS NORD

Les rois changeaient avec le siècle, les armes aussi, mais pas les statistiques. Quoi de neuf donc ? Le jeune âge et l'envergure modeste des victimes comme des tireurs. Une illusion de toute-puissance en bandoulière.
Pour s'offrir un morceau d'immortalité, ces voyous acceptent de mourir à la fin. Jeune. Et à chaque nouveau mec au tapis, les médias résonnent d'un prudent « vraisemblablement sur fond de stups ».

Philippe Pujol.
French déconnexion : Au cœur des trafics.

Avertissement

Toutes ressemblances avec des personnes ou des situations ayant existé seraient le fruit du hasard… ou pas ! Le cas échéant les prénoms, les noms comme les lieux auraient été modifiés.

Dans ces quartiers je n'étais qu'un flic, un simple flic ayant travaillé là en étant le spectateur passif d'une évolution catastrophique, je n'ai fait que contempler la paupérisation de la deuxième ville de France et mes actions de police n'étaient que dérisoires et trop souvent inutiles.

Mais travailler là m'a permis de faire des rencontres. Des gens biens, d'autres moins bien, des délinquants hargneux et capables d'occire sans aucun scrupule son prochain et quelques criminels capables d'aligner plusieurs phrases sans être violent et même en étant cohérent. De manière générale je les ai tous détestés, ma fonction et tout ce que je gérais m'imposait de mettre ma tête dans le guidon et m'empêchait de prendre le temps de raisonner. Pas le temps, pas l'envie non plus et le flot de dossiers à gérer n'autorisait que peu de réflexions sur ces gens qui passaient sur la chaise faisant face à mon bureau. Les relations que nous avons eues, eux et moi, n'étaient que conflits et mépris réciproque.

Je n'étais qu'un flic et je raisonnais en tant que tel. Obtus, hermétique à toutes formes de sensibilité et encore moins à la compassion j'avançais à l'aveugle au milieu de nulle part sans prendre le temps de regarder ce et ceux que mon métier me donnait à côtoyer. J'en suis sorti brisé…

Alors, plus tard, je me suis posé cette question : si j'avais été moins fermé, si je les avais écoutés, aurais-je été plus apte à, sinon les comprendre, à m'interroger sur l'itinéraire d'un enfant de cité ?

Sans doute, mais en ce temps-là je ne l'ai pas fait.

Quelques années plus tard et quelques livres aussi, je me suis débarrassé de ce carcan de flic qui m'interdisait de réfléchir aux conditions de vie dans les cités défavorisées de Marseille, je me suis même autorisé à aller voir comment et pourquoi on devenait dealer et comment on prenait les armes pour abattre son rival.

Marseille est la « capitale » du narco trafic, rares sont les unes de La Provence sans un crime sanglant sur fond de trafic de stups, exceptionnels sont les jours où ça ne calibre pas dans les rues sales des quartiers nord. J'ai grandi là, j'y ai été même un flic désemparé auquel on demandait de vider la mer avec une cuillère à café. J'ai fini par rendre ma brème et mon calibre pour enfin réfléchir et écrire. Voilà ce que j'en ai fait, voilà ce que Samir (prénom d'emprunt) m'a donné. Samir existe t-il, m'a t-il réellement fait ses confidences ?

Les réponses à ces deux questions vous ne les aurez pas, je ne vous les donnerez pas mais elles résident dans ce texte constitué de vérités et de fiction. La fiction n'est pas inutile dans un tel texte, elle vient étayer la vérité et faire en sorte que le lecteur puisse prendre la mesure de ce que sont tous les Samir de Marseille et même d'ailleurs.

Un flic dans ces quartiers doit s'adapter à l'environnement et à la « faune », je m'y suis parfaitement senti à mon aise. J'ai entendu, beaucoup écouté, j'ai vu, j'ai aussi constaté puis enfin j'ai témoigné notamment dans ce livre. Durant de longues auditions j'ai recueilli des aveux en retenant parfois mes larmes tant le récit était abject. Je crois avoir tout ou presque tout entendu dans le domaine de l'horreur et de la barbarie.

Ce qui importe n'est pas de trouver la vérité mais bien de comprendre la portée de cet ouvrage…

Ce livre est donc un docu-fiction, un savant mélange de réalité et d'autres choses, et j'y suis attaché car il m'a permis de comprendre en profondeur ces hommes et ces quartiers. Il est fait de mon expérience et de récits d'hommes ayant transité dans mon bureau les menottes aux poignets. De la Brigade Criminelle à la Brigade de Sûreté Urbaine des Quartiers Nord en passant par la Brigade Anticriminalité j'ai été le témoin de choses abominables. J'ai également entendu des horreurs dites, avec un aplomb terrifiant, par des tueurs. Des récits d'homicides sanglants pour des luttes de territoires ou pour un simple regard. Ce que j'ai vu ou entendu je l'ai condensé dans le livre.

Je dois avouer que l'écrire a été une épreuve tout comme trouver le courage de le confier à un éditeur.
Aussi je remercie David Martin (Sudarènes éditions) pour la confiance qu'il m'accorde, pour son aide et son soutien nécessaires pour la parution de cet ouvrage.

Mais, amis lectrices et lecteurs, ne perdaient pas de vue la première phrase de cette page car ce texte pourrait vous faire perdre la tête…

Moi, depuis que j'ai été flic dans ces quartiers je ne sais plus ce qui est vrai et ce qui ne l'est pas !

1

L'idée

Ce matin je tourne en rond dans mon bureau, je cherche à savoir comment je vais m'y prendre, comment je vais appréhender le sujet et surtout comment je vais le lui présenter. J'enfile un léger blouson de lin et plonge dans l'enfer de la ville, la cagole hurle et pourtant il n'est que huit heures.
Un soleil fainéant tente de percer une épaisse et courageuse couche de nuages. Ici tout est contraste …

C'est encore à la Samaritaine que je prends place, sa terrasse est superbe et j'affectionne la vue sur la Vierge de la garde, elle fait ce qu'elle peut pour défendre une ville dévorée par le deal et le sang versé. Elle échoue souvent. Face à elle la mairie centrale baisse les yeux pour ne pas subir les foudres de la vierge et de l'Enfant Jésus.

Le vieux port s'anime, son marché aussi et lentement les rares poissons déjà mis en vente frétillent encore avant d'être occis dans des mains vigoureuses de cuisinières locales et déterminées. Moi je commande un café et patiente avant l'arrivée de mon ami. J'ai travaillé mon texte, j'ai mis des mots précis que je vais lui balancer alors même qu'il posera son séant sur cette chaise encore vide. Je ne dois pas lui laisser la parole, je dois l'inonder avant même qu'il ne réagisse.

C'est un homme franc et direct, il ne mettra pas de gants pour me dire non s'il pense que mon idée est grotesque ou même dangereuse. Je dois être convaincant, percutant.

Je sirote mon petit noir en avalant rapidement un petit spéculoos au goût prononcé de cannelle. Je ressasse mes idées, je répète inlassablement mes mots et me surprends même à les réciter à haute et intelligible voix. Je provoque le sourire d'une femme attablée non loin de moi.

L'idée est pourtant simple, elle a germé dans mon crâne quelques mois auparavant où durant l'écriture d'un précédent ouvrage je suis allé à la rencontre de personnes impliquées dans le banditisme Marseillais. J'ai croisé de vrais voyous des quartiers nord, tous ont accepté de me parler de leur expérience et de leurs ambitions mais pas un ne s'est aventuré sur le terrain boueux des règlements de compte. Certes un ou deux se sont vantés d'avoir participé, d'avoir tenu une Kalachnikov meurtrière et d'avoir pressé la détente pour dessouder un rival mais leurs propos restaient sans réponse puisque le but de ce livre n'était pas d'évoquer cela mais surtout parce qu'il n'était pas difficile pour moi de comprendre que j'avais face à moi de vrais mythomanes désireux de se faire « mousser » pour exister autrement qu'à travers leur triste et minable vie.

J'ai de multiples fois esquivé, détourné la conversation pour ne pas perdre de vue mon idée première. Malgré tout leurs témoignages avaient laissé en moi un souvenir récent amer, un sentiment d'inachevé étayé par une curiosité féroce d'en savoir davantage.

Mais pour cela il fallait que je rencontre la « bonne » personne, il fallait éviter les mythomanes ou les décérébrés capables de raconter avec force détail les scènes affreuses auxquelles ils avaient participé. Il fallait surtout éviter les fous furieux dangereux susceptibles de m'impressionner, voire pire encore eu égard à mon ancienne activité professionnelle.

En fait il fallait que je sélectionne et pour cela j'avais grandement besoin d'aide, et de complicité. Je devais solliciter un homme de confiance pouvant me mettre en relation avec la bonne personne, celle correspondant aux caractéristiques que je viens d'énumérer et pour cela je ne voyais que Farid.

Farid avait grandi à la Castellane. À l'extrémité nord-ouest de la ville, en bordure de l'autoroute conduisant à la côte bleue. La cité était devenue le supermarché de la came où quotidiennement le deal rapportait plus de quatre vingt mille euros. Comme tout un chacun il y avait un peu trempé avant de prendre conscience que ce chemin ne le conduirait que vers le carré musulman du cimetière du Canet, même pas celui de Saint-Pierre bien trop sophistiqué pour ce jeune homme des quartiers défavorisés.

Il prit un autre chemin et pour rester en vie il fut contraint de prendre la clef des champs durant une dizaine d'années. C'est dans les Alpes de haute Provence qu'il alla se réfugier, se laver de ces années de stups et d'argent sale, ces années de crasse intellectuelle. Comme il le disait souvent, ces dix années avaient permis d'attendre que tous ses ennemis soient tués et que la cité ait oublié son implication passée.

Aujourd'hui il a quarante ans passés, de je ne sais combien d'ailleurs puisque jamais il ne m'a précisé son âge. Il relate son départ vers trente ans pour la montagne comme il l'aime à le dire. Les vaches et la luzerne avaient remplacé les Pit-bulls et la marijuana. Plus reposant, moins oppressant. Farid était revenu transformé, il était un autre homme. Plus calme, moins agressif, un quadragénaire en somme.

À cette époque j'étais encore flic et nous nous étions rencontrés en marge d'une affaire que j'avais traitée, une affaire bidon de recel de vol de téléphone portable que le parquet ne voulait même pas poursuivre tant les réquisitions aux opérateurs téléphoniques étaient onéreuses et souvent inutiles. Alors il fallait raconter des bobards aux victimes pour leur faire oublier que la justice se désintéressait de leur téléphone et de leur désarroi.
Farid avait accompagné une victime d'un vol à l'arraché. La gamine était choquée par son agression et il se fit son porte-parole. Je n'ai jamais douté de ses véritables intentions et c'est cela qui rompit la glace. Alors qu'elle était en compagnie du médecin je me laissais aller à quelques allusions sur le physique avantageux de la jeune femme, Farid confirma dans un large sourire. Le courant était passé.

Quelques mois plus tard, je le croisais encore alors que nous tentions de pénétrer dans sa cité pour une perquisition. Nous tentions surtout d'éviter les jets de projectiles et les crachats. Immédiatement il me reconnut et m'adressa un furtif sourire, à son bras se tenait une vieille dame enturbannée, sa maman.
Par le plus grand des hasards, Farid emprunta le même itinéraire que nous afin de reconduire sa vieille mère dans son logement.
Dans le minuscule corridor sale, je trouvais le temps de lui demander s'il avait pu conclure avec la jeune victime du vol à l'arraché. Il me répondit d'un dodelinement de tête et d'une grimace qui en disait long sur son échec et me confia doucement :

« *Je ne suis qu'un rebeu de cité.* » Je ne sus quoi lui répondre et en guise de réponse je lui rendis son sourire. Bêtement.

Je m'engouffrais dans l'appartement concerné par notre visite domiciliaire sans le quitter du regard. Son argument avait fait mouche, je venais de réaliser la difficulté de vivre là, de vivre cette vie-là et de porter des origines devenues pesantes lorsque l'on tente de séduire une petite blondinette victime d'un vol de téléphone. Au loin «*ARAH*» résonnait encore. Nous étions annoncés, il fallait dès lors se méfier de tout et de tous. Il fallait avoir les yeux partout et surtout au niveau des étages d'où pouvaient, à chaque instant, provenir une machine à laver ou une boîte de petit-pois transformées en une arme redoutable.

Excepté un pare-brise cassé et des mollards visqueux à souhait fixés sur nos brassards et nos âmes, la perquisition n'amenait rien de probant pour notre enquête. Nos mères étaient gratifiées de tous les noms d'oiseaux, d'appartenir à la plus vieille corporation du monde et des générations entières de nos familles étaient maudites à tout jamais …

La routine dans ces quartiers. Je commençais à en avoir assez de servir d'exutoire à cette horde de sauvages animés uniquement par le pognon et la haine de ce que nous incarnions à une époque où être flic ne représentait déjà plus grand-chose. Nous n'incarnions que le pouvoir judiciaire bien incapable d'enrayer ce qui était devenu allégrement une véritable économie parallèle. L'état était faible, c'était bien les dealers qui détenaient le pouvoir et il y avait bien longtemps que j'en avais pris conscience.

Farid, je ne sais pourquoi, vint à ma rencontre comme s'il déplorait les comportements des jeunes gens animés par la haine du flic. N'avait-il pas pourtant été un des leurs ?

Je pris place dans notre voiture et discrètement il me glissa un morceau de papier sur lequel était griffonné son numéro de téléphone. Je ne dis mot et rangea cette ridicule missive dans mon cartable.

Ce n'est que plusieurs mois après que je le contactais. Mon appel était intéressé, j'avais besoin d'un « tuyau » pour entrer dans la cité sans se faire repérer. Après tout pourquoi avait-il donné son numéro à un flic, pourquoi à moi ?

Je n'eus pas de difficulté pour obtenir ce que je voulais mais en contrepartie il me sollicita pour autre chose, pour un autre service. Dans ces quartiers on ne connaît que le donnant donnant et il fallait que je m'acquitte de ma dette.

Farid n'était pas stupide et le temps qu'il avait passé dans mon bureau lui avait permis de comprendre comment je fonctionnais, comme je pouvais très vite tomber dans une démarche professionnelle non académique, jamais référencée dans des manuels de droit et encore moins enseignée dans les écoles de police. Des pratiques méconnues des jeunes flics issus d'une génération de fonctionnaires de police à défaut d'être des flics.

Lorsque l'on travaille comme flic dans de tels quartiers il est impératif de mettre en place des techniques surprenantes, décalées de ce que prônent les textes de loi. Car si l'on respecte au pied de la lettre le Code pénal et celui de la procédure pénale on n'interpelle pas grand monde et l'on se fait très vite «marcher sur la gueule !»

Le donnant-donnant était donc devenu pour moi un réflexe qui me faisait avancer dans mes dossiers. Évidemment je prenais le risque d'être démasqué par une hiérarchie frileuse et hypocrite puisque malgré tout bien heureuse de mes résultats.

Farid avait donc compris quel type de policier j'étais et cela l'avait séduit sans aucun doute. Le hasard d'une rencontre ultérieure confirmait ce que j'avais pensé.

En guise de remerciement il me demanda de l'aider à sortir sa vieille mère de cet enfer, de lui trouver un autre appartement ailleurs que dans cette cité de la Castellane devenue un drugstore à ciel ouvert. Un lieu infect où la violence et les crépitements des armes automatiques servaient de réveil durant les nuits trop agitées. Sa maman, la pauvre dame, subissait les dommages collatéraux du trafic et avait, à plusieurs reprises, fait appel à son dernier fils Farid afin qu'il intervienne auprès du réseau. C'était un véritable enfer qu'elle vivait et Farid ne pouvait pas la laisser là sans aide d'autant que ses interventions auprès du réseau avaient suscité quelques animosités dont sa mère pouvait subir les conséquences.

Les bailleurs sociaux avaient besoin de la police et évidemment ils étaient indispensables pour nos services. Je n'avais qu'à donner un coup de téléphone pour que sa maman déménage dans un logement moins exposé. Je le fis sans aucune difficulté. Depuis Farid était redevable à vie ; néanmoins nous avions tissé de véritables liens amicaux et même si nous ne partions pas en vacances ensemble j'aimais le rencontrer et avaler des bières en refaisant le monde ou plutôt Marseille. Un bon pote en somme ! Il avait même compris et apprécié ma démission. Un des rares d'ailleurs à avoir mesuré ce que devenait la police et surtout à anticiper ce qu'elle était amenée à être notamment dans ces quartiers. Inexistante sauf pour réprimer sans discernement et servir d'exutoire à une foule hostile et dangereuse. Impuissante dans les quartiers gangrenés par la drogue et les armes.

Il était neuf heures trente et il prit enfin place face à moi. Le soleil avait une nouvelle fois combattu avec succès les nuages, il inondait la terrasse où nous étions installés.
Je craignais que très vite notre échange soit assombri par ma demande, le soleil aurait pu m'apporter l'aide nécessaire à convaincre mon interlocuteur de me présenter un tueur des quartiers nord prompt à raconter son histoire.
Sans attendre, je lui balançais mon laïus avec un débit important sans lui laisser le temps de m'interrompre. Je le fixais du regard, dès les premiers mots il avait fui mes yeux déterminés.

Il avait avalé son café à la vitesse grand V sans cesser de regarder le fond de sa tasse vide. Il jouait avec la petite cuillère pour remplir un vide, pour se donner une contenance.

Puis dans un ton monocorde, il me lança : *Tu es fou ! Je peux te mettre en relation avec un de ces mecs mais tu le sais aussi bien que moi, ils sont déjantés et dangereux !*

Je balançais le reste de mes arguments comme si je pouvais encore le convaincre de le faire, de me rendre ce service. Il m'écouta sans sourciller et rajouta : *Je ne peux rien te refuser mon poto mais tu prends un risque énorme ... Ne viens pas te plaindre après et surtout laisse-moi en dehors de ça ! Je vais voir ce que je peux faire ...*

Il commanda un second café et : *Je t'appellerai !*

Nous sommes restés ainsi une bonne demi-heure sans parler. Farid hochait la tête et soufflait, parfois il maugréait.

Il fallait maintenant attendre…

2

L'accord

Farid n'avait plus peur de téléphoner, ses appréhensions n'avaient plus aucune raison d'être depuis qu'il travaillait pour une association et s'occupait de social.

Les mardis matin n'étaient plus synonymes depuis bien longtemps de défonçages de porte et de hurlements derrière des visages cagoulés, d'interpellations mouvementées et de début de galère. Il avait trop connu cela, il n'en voulait plus.

Un matin mon téléphone vibra et laissa s'afficher un numéro non référencé dans mon répertoire. Après quelques secondes d'hésitation, je pris l'appel. C'était lui !

Sa voix était claire et le ton qu'il utilisait ne pouvait masquer son embarras ou je ne sais quoi d'autre. Un malaise peut-être.

Je n'eus pas le temps d'en placer une tant son débit était important et son besoin de m'en dire plus imminent. Il me précisa simplement un lieu pour un rendez-vous, ailleurs qu'à la Samaritaine, loin de Marseille.

Nous étions tombés d'accord sur un endroit neutre et comme j'avais mes habitudes à Vitrolles, je lui fixais le point de rencontre à « la boule », un radar planté au sommet du vieux village. Loin sans trop l'être nous étions malgré tout éloignés des cités des quartiers nord et même du centre-ville.

C'est lui qui me fixa l'heure du rendez-vous ; vingt-deux heures, le lendemain.

La nuit me sembla une éternité puisque je ne trouvai pas le sommeil et mes idées ne cessèrent de courir dans mon crâne. Farid ne m'avait rien précisé, je ne savais donc pas s'il avait trouvé un interlocuteur ou s'il allait me dire que mon idée était stupide et que par voie de conséquences vouée à ne jamais voir le jour. La journée fut tout aussi longue et mes occupations ne me permirent pas de m'apaiser.

Le soir venu je m'empressais de rejoindre Vitrolles et son radar, j'étais bien en avance. Ma voiture fut rangée en retrait et je fis quelques pas afin de jeter un œil à l'ouest du département et ses raffineries de pétrole, son aéroport, sa ligne de TGV et au loin le pont de Martigues enjambant l'embouchure de l'étang de Berre, le canal de Caronte. Un frisson parcourut mon dos, je relevai mon col de veste. Il était bientôt vingt-deux heures…

La nuit était maintenant installée et seuls les panaches de fumée âcre parvenaient à subsister. Rien ne pouvait les empêcher d'être vus, rien ne pouvait les empêcher de polluer.

Un léger Mistral les emportait vers la mer pour se faire oublier de ce secteur sinistré. Je commençais à avoir froid. J'étais stressé, je crois même que j'avais un peu peur …

Les phares d'une voiture firent exploser la nuit et un léger son de faible moteur pulvérisa le silence. C'était une petite Twingo d'un âge dépassé, à la peinture ternie et aux suspensions poussives. Elle se rangea aux côtés de mon véhicule personnel.

Je ne m'avançai pas mais je pus remarquer la présence de deux hommes à bord de la Renault. Je reconnus immédiatement la corpulence de Farid, à ses côtés au volant un autre homme plus fin portait une capuche sur la tête.

Les deux hommes mirent pied à terre et Farid me fit un signe de la main. Je quittai mon poste d'observation et me rapprochai d'eux. Le conducteur n'avait pas quitté son siège, il me tournait le dos.

J'embrassai Farid et sans mot dire il m'indiqua de rester à distance raisonnable de la voiture et, plaçant son index sur sa bouche, il m'intima l'ordre de me taire. J'obéis sans rechigner.

De la minuscule citadine sortit un jeune homme d'à peine trente ans, d'un geste rapide il fit basculer sa capuche vers l'arrière pour laisser entrevoir son visage comme s'il me l'offrait en cadeau. Il était plutôt beau gosse, ses cheveux noirs formaient quatre petits anneaux collés sur son front à l'aide de pâte ou de gel coiffant. Avait-il vu le film de Ridley Scott, *Gladiator,* et avait-il eu une passion pour Russel Crowe toujours est-il que sa coiffure était bien celle du général de Rome devenu gladiateur.

Il ne quittait pas mon regard et prit appui sur le toit de la voiture. Il ne me tendit pas la main et restait à distance. Il m'observait, me détaillait durant de longues secondes. Farid n'avait pas bougé, il semblait attendre un geste ou un mot. S'étaient-ils mis d'accord, avaient-ils un code ?

Je l'ignore encore mais j'ai eu la certitude que le jeune homme me jaugeait avant de prendre sa décision. Puis il plaça sur son visage un large sourire et : *C'est bon !* dit-il en regardant Farid. S'adressant à moi : *Tu me reconnais ?*

Je restais silencieux tout en observant ce jeune homme au style plutôt élégant. De toute évidence il avait pris soin de lui, soin de ses effets également comme pour se rendre à un entretien d'embauche, comme s'il avait un rendez-vous important à honorer. Je ne reconnus pas cet homme et, hormis Farid, je n'avais d'ailleurs aucune relation avec des gens de cités.

Pas de souvenirs non plus autres que ceux que j'aurais pu avoir lors d'interpellations ou perquisitions mouvementées diligentées à leurs domiciles. C'est un signe de tête qui fit office de réponse négative bien entendu.

Farid n'avait pas bougé, il s'était même placé un peu en retrait pour nous laisser nous jauger, nous envisager et nous dévisager. J'avais confiance en cet ami et je savais donc que ce jeune homme ne présentait aucun danger, jamais Farid ne m'aurait mis en présence d'un agité des quartiers nord sans être certain de ses réactions. Je ne bougeai toujours pas alors que le jeune homme fit un pas vers moi en me tendant la main. Je la lui serrais fermement sans quitter ses yeux noirs.

Je ne souriais pas, lui non plus. Nous restâmes quelques secondes ainsi en nous contemplant, il serrait ma main puis plaça sa main gauche sur mon épaule en signe d'amitié. Était-ce pour me détendre, me rassurer ou m'ôter tous les doutes qui traversaient instantanément ma mémoire et mon esprit tourmentés ?

Puis il précisa : *Samir ... Samir B... ! Ça y est tu me remets*, insista-t-il.

Je ne parvenais pas à mettre des souvenirs sur son visage, j'étais maintenant embarrassé et ayant vu son sourire se dissiper je ne pouvais dissimuler ma crainte de vexer cet homme venu pour moi. J'eus peur de perdre ma crédibilité et de voir mon souhait d'écrire ce livre anéanti par ma mémoire défaillante.

Je jetai un regard furtif à Farid, il souriait et à son tour me balança : *Tu lui as rendu un service il y a quelques années. Une affaire de stups dans laquelle son petit frère avait été interpellé. Tu te souviens ?*

Un silence s'installa et laissa voir que je n'avais aucun souvenir de cette affaire que Farid évoquait. Des affaires, j'en avais tellement traité, des dealers j'en avais tant vu …

Samir avait lâché ma main et, tout en époussetant son pantalon de toile noire, reprit : *C'était en 2010 et mon petit frère avait été arrêté car il faisait le chouf à la Castellane. Les civils (La BAC) avaient interpellé le charbonneur (Le dealer), des clients et mon petit frère Hakim. Et toi tu m'as appelé pour libérer Hakim ... Tu te souviens maintenant ?*
Je ne savais quoi répondre. Rien ne me revenait en mémoire.

Durant ma carrière j'avais à plusieurs reprises libéré, sur ma propre initiative, des gamins interpellés dans des affaires «capilotractées», des affaires bidonnées par des flics avides de chiffres et artisans de la politique du chiffre où le nombre d'interpellés semblait plus important que la qualité intrinsèque de l'affaire comme de ses chances de la voir aboutir une fois présentée au magistrat du parquet. Cette décision de remettre à un civilement responsable un gamin sans autre forme de procédure n'incombait qu'à moi et je l'assumais pleinement sans en référer à qui que ce soit.
Le traitement de ces dossiers était souvent fastidieux et la présence d'un mineur dans un tel dossier alourdissait une procédure déjà bien complexe. De plus ces minots étaient très souvent remis en liberté par le procureur de la République sans qu'une décision ne puisse être prise à leur encontre. Alors après un appel à un civilement responsable et sans aucune trace dans la procédure judiciaire je remettais à un membre majeur de sa famille le jeune enfant apprenti dealer afin de rendre la rédaction de la procédure judiciaire un peu moins, voire beaucoup moins lourde.

« C'est moi qui suis venu chercher mon frère et tu lui as évité une procédure. Je l'ai envoyé au Bled, dans la famille, et il n'a jamais refait le con ! Aujourd'hui il fait des études pour être ingénieur en informatique et c'est un peu grâce à toi, rajouta Samir en souriant largement.

Je ne savais encore quoi dire, je n'osais toujours pas avouer la carence de souvenirs concernant cette affaire jusqu'au moment ou Samir me précisa avoir passé son petit frère à tabac devant moi dans mon bureau. Il m'indiqua encore que sans mon intervention il l'aurait sans aucun doute roué de coups et pour cela aussi il me remercia.

C'était à présent clair dans mon esprit, cette affaire et ses détails revinrent subitement comme mon embarras à libérer sans procédure un mineur tabassé devant moi.

C'était bien en 2010 …

Je souris franchement et repris la main de Samir comme pour le rassurer.

« J'ai suivi ton parcours depuis … J'ai pas lu tes livres mais je t'ai vu à la télé, ricana-t-il.

Samir me fit part de sa curiosité par rapport à mon projet de livre et mon envie de raconter la vérité dite par un membre actif d'un réseau. Il me demanda même si je n'étais pas fou et si je mesurais les risques que je pouvais prendre en racontant cela. Il insista sur ce qu'était devenu ce business et sur la nécessité d'utiliser les armes pour conserver sa part du marché. Sans sourciller, il m'indiqua qu'il avait plusieurs fois tiré sur des concurrents.

Je lui précisais que c'était bien de cela que je voulais parler et que je voulais le faire comme cela n'avait jamais été encore fait. J'avais donc besoin de lui et je le lui dis sans détour. Se sentait-il redevable, allait-il accepter de témoigner ?

Il prit un peu de recul et alluma une cigarette en tirant fortement sur sa tige. Dans un puissant souffle, il lâcha la fumée en relevant sa tête vers le ciel. Je pense qu'il avait déjà pris sa décision et que cette mascarade ne servait à rien mais je ne l'interrompis pas comme pour lui laisser croire qu'il tenait les rênes de la situation. Farid avait fait son travail de bourrage de crâne, il me fit un rapide clin d'œil.

Solennellement Samir me dit : *« OK on va le faire mais tu changes les noms …»*

Il était plus de vingt-trois heures et j'allais commencer à travailler sur ce livre, je ne savais pas dans quoi j'allais m'engouffrer, je ne savais pas non plus comment le débuter. Mes ides étaient brouillonnes.

Je ne mesurais pas encore la gravité, ni la force de ce que j'allais entendre durant plusieurs semaines.

J'ignorais surtout l'état dans lequel ce travail d'enquête et d'écriture allait me mettre.

3

Premier rendez-vous

C'était encore Farid qui servit d'intermédiaire, il m'avait d'ailleurs fait savoir que c'était la dernière fois qu'il le ferait. Par la suite je devais donc me débrouiller seul et ne plus évoquer son patronyme ni notre relation eût-elle été amicale.
Le message était clair et j'acceptais sans rechigner cette contrainte.

Le premier rendez-vous avec Samir était fixé une semaine après la rencontre bucolique du radar de Vitrolles. C'est lui qui avait précisé le lieu et l'heure et Farid m'avait communiqué ses souhaits, plutôt ses instructions en me précisant de m'y rendre seul et de veiller à ne pas être suivi. Je devais impérativement respecter ce que Samir voulait sans rechigner et encore moins sans exiger quoi que ce soit, ni pour le jour, l'heure et évidemment le lieu.

Un brin de paranoïa pensai-je mais j'étais encore bien loin d'imaginer ce qu'il allait m'imposer par la suite et surtout que son obsession d'être suivi n'était pas un caprice mais bien une peur. J'ignorais que ce sentiment allait se faire beaucoup plus pressant.

C'est au pied de l'aqueduc de Roquefavour, dans la banlieue d'Aix-en-Provence, que nous devions nous rencontrer. Non loin du charmant village de Ventabren, sur un parking ombragé il me donna rendez-vous.

Samir avait souhaité que cette entrevue soit réalisée le matin à dix heures et qu'elle ne devait avoir pour but seulement d'établir les modalités de nos entretiens, leur fréquence et les moyens utilisés pour communiquer. Je savais que j'allais être contraint d'utiliser certaines méthodes peu orthodoxes, peu courantes. Des méthodes pouvant surprendre et parfois choquer, je n'étais qu'au début de mes surprises.

Il était donc neuf heures et j'étais déjà sur place, le parking était déserté et je pris le temps d'admirer l'aqueduc. Il était majestueux. Une sorte de pont du Gard, plus grand mais moins âgé. Sans en avoir ni le faste, ni et le charisme. Malgré tout un très bel édifice conduisant l'eau potable à Marseille.

Samir fit son arrivée vers dix heures trente, avec une demi-heure de retard en somme. Il stationna sa voiture en position de départ, nez vers la sortie, et veilla à bien stopper ses roues à l'orée du parking. Je ne pus m'empêcher de sourire puisque son attitude était celle des flics et même du flic que je fus. Il mit quelques secondes avant de quitter l'habitacle, il prit le temps d'observer les abords, de vérifier que j'étais bien seul et que personne ne viendrait s'aventurer sur l'aire de stationnement dès sa sortie de l'auto. Il était méfiant et malgré la confiance qu'il avait semblé me manifester il ne négligeait rien et même pas mon ancienne carrière au sein de la police.

De mon côté j'avais, à quelque chose près, les mêmes attitudes, des réflexes identiques et des raisonnements similaires.

À force de nous côtoyer, nous avions fini par nous ressembler sans réellement savoir qui singeait l'autre !

Il avait une BMW série 1 de couleur noire portant une plaque minéralogique provenant du département de la Seine-Maritime, une voiture de location évidemment. Il l'abandonna à quelques mètres de moi et se rapprocha lentement sans quitter des yeux la périphérie. Son regard balayait l'environnement et son cerveau l'analysait. Par où pourrait-il fuir, ne s'était-il pas placé au mauvais endroit, d'où pouvaient surgir ses ennemis etc … etc...

Rien n'était laissé au hasard et j'en avais fait autant à mon arrivée. Ce que Samir ne savait pas c'est que j'étais presque autant inquiet et sur mes gardes que lui. Mes incertitudes et ma crainte étaient identiques aux siennes puisque moi aussi je savais maintenant un peu qui il était, je connaissais sa famille et son curriculum vitae, son palmarès au sein du néo-banditisme Marseillais. Je savais surtout que plusieurs homicides lui étaient attribués sans qu'ils aient pu être élucidés formellement et que Samir ait été inquiété.

Durant la nuit précédente, je m'étais interrogé sur l'envie qu'avait Samir de témoigner et j'étais parvenu à douter de sa sincérité jusqu'à imaginer qu'au premier rendez-vous il m'aurait abattu froidement en guise de vengeance ou simplement pour tuer gratuitement un flic. Un de ces flicards qui l'avait harcelé, pourchassé et même engeôlé. Le cauchemar durait encore.

Ce matin-là d'ailleurs j'ai pris la route pour Roquefavour avec un sentiment étrange, un ressenti pénible d'aller à la rencontre d'un dealer, d'un voyou et sans aucun doute d'un tueur. Je le fis sans aucune protection même plus celle de mon ancienne fonction d'enquêteur. J'étais nu… Sans autre arme qu'un stylo et du papier.

J'ai menti, ma compagne ne connaît pas le motif de mon départ matinal. Je lui ai dit que j'allais prendre un café en terrasse du côté de Longchamp, là où j'ai mes habitudes. Je culpabilise de ne pas pouvoir lui dire la vérité. Je préfère l'épargner et ne rien lui raconter.

Samir portait un jean noir et des baskets blanches, un léger blouson à capuche qui couvrait ses épaules et le protégeait du léger vent estival. Il cachait derrière des lunettes noires son regard sombre, un regard que je pouvais allégrement imaginer mobile, vif et légèrement injecté de sang rouge. La peur peut-être ou tout au moins une certaine appréhension de trahir les siens en racontant ce que je voulais entendre, en relatant son quotidien de voyou. En venant ici, il avait signé son arrêt de mort et pourtant il était là. Je ne sais encore pas aujourd'hui réellement pourquoi.

Et moi n'avais-je pas vendu mon âme au diable en voulant écrire ce livre, en rencontrant ce tueur et en l'écoutant me raconter froidement son cursus et les horreurs dont il est l'auteur ?

S'il était abattu maintenant je le serais certainement aussi !

Je venais subitement d'en prendre conscience et tout comme lui n'avais-je pas signé également mon passeport pour le trépas ?

C'était bien trop tard pour y songer, il était là devant moi et je devais assumer.

Il ôta la capuche de lourd coton qui dissimulait en grande partie son visage et s'approcha de moi pour m'embrasser comme le font deux amis du côté de Marseille. Pourtant nous n'étions pas ami.

Un long frisson parcourut mon dos, je l'imaginais me loger une balle dans la nuque au moment même où sa joue s'appliquait sur la mienne. Il plaça un large sourire sur son visage et me dit :

« *Je n'ai pas trop de temps Marc, va falloir que tu achètes des téléphones à entrées libres. Il en faut beaucoup et tu dois le savoir. Dès que tu as acheté le premier, envoie-moi un SMS à ce numéro.* Il me tendit un morceau de papier.

Ensuite nous conviendrons des rendez-vous mais je ne peux pas te dire où et quand, ça ne va pas être facile ! Rajouta-t-il.

Ne t'inquiète pas tu auras ce que tu veux et même plus encore, ton livre va casser la baraque ! précisa Samir en souriant.

Je conservais le papier dans ma main droite et ne pouvais dissimuler mon embarras et mon désir farouche de lui poser cette question qui me hantait depuis notre retrouvaille. Je me lançais :

- Dis-moi Samir pourquoi tu fais ça ?

- Je ne sais pas vraiment Marc ... une envie de dire, de raconter comment j'en suis arrivé là. Un ras le bol peut être et puis je le fais pour toi Marc, seulement pour toi parce que je pense que tu es un mec bien. De tous les flics que j'ai connus, tu es le seul dont j'ai gardé un bon souvenir. Tu as sauvé mon petit frère !

Il me tendit son poing afin que je vienne y écraser le mien, rajusta sa capuche et rejoint sa BMW. Il reprit la route.

Le premier rendez-vous venait de se terminer, je restais sur ma faim…

4

Enquête

Cela faisait déjà quelques années que j'avais quitté la police et sans aucun doute j'étais quelque peu déconnecté des trafics de stups, au moins en ce qui concerne les équipes tenant le marché. Tombant comme des mouches les dealers se succédaient et sans aucun doute je ne connaissais plus ceux qui officiaient alors que j'étais encore en activité.

J'en avais eu tant besoin que cette prise de recul avait été nécessaire et bénéfique mais pour mener à bien mon projet il fallait y remettre les pieds, les pieds et le reste aussi. Aussi je ne pouvais débuter l'écriture de ce livre sans me renseigner, sans savoir où je mettais les pieds et à qui j'avais réellement à faire. J'avais confiance en Farid et je savais que dans ces quartiers malgré bon nombre d'à priori il existe des gens bien, des personnes avec une bonne morale et des raisonnements sains. Farid en faisait partie et ne m'avait pas mis dans les pattes un fou furieux mythomane et s'il avait organisé cette rencontre c'est bien parce qu'il savait quels étaient mes sentiments vis-à-vis de lui. De plus il n'avait pas oublié ce que j'avais fait pour sa vieille maman.

C'est donc auprès de mon réseau d'amis que je devais me rencarder, seuls des flics encore en activité ou ayant quitté la police récemment pouvaient m'aider à définir le vrai profil de Samir. Il fallait que je sois certain de lui, de sa personnalité et de son cursus au sein des réseaux des quartiers nord de la ville.

Ma démarche étant non officielle il fallait encore que je choisisse ceux que j'allais solliciter et Dieu merci j'avais dans mes relations des anciens flics un peu tordus capables de m'apporter l'aide et l'assistance dont j'allais avoir besoin. Il fallait des vieux de la vieille, des flicards qui ne jugent pas, qui ne vous regardent pas avec défiance voir avec mépris et condescendance. J'en connaissais plusieurs de cet acabit mais je pensais à un en particulier pouvant répondre à l'ensemble de mes questions sans hésiter et avec précision. Un puits de connaissance de ces quartiers, de leurs réseaux et de sa «faune». Je ne manquais donc pas de le contacter et lui fixais un rendez-vous pour un déjeuner.

Michel venait de faire valoir ses droits à la retraite sans pour cela être trop vieux en étant pourtant bien abîmé.

Il avait quitté Marseille et son vacarme pour se retirer du côté de la côte bleue, l'ouest de la deuxième ville de France. Un coin excentré pas encore touché par le béton et les constructions anarchiques et défigurant le littoral. Un havre de paix où les fragrances d'iode se mêlent à celles de garrigue.

L'été sur les plages de Sausset-les-Pins se montaient des paillotes où l'on pouvait déjeuner en lorgnant la mer et ses baigneuses presque dénudées tout en dégustant un pastis bien frais. Mon ami aimait ce breuvage et il en avait souvent abusé pour peut-être oublier dans quel pastaga il pataugeait. Un quotidien fait de résine de cannabis et de sang caillé versé aux caniveaux des quartiers nord. Un quotidien de flic désabusé, usé par un métier ingrat qui pourtant avait fait de lui l'homme qu'il était aujourd'hui : droit, sincère et honnête. Michel avait oublié la notion du bien et du mal, à force de fréquenter les criminels sa vision était beaucoup moins manichéenne que lorsqu'il embrassa la carrière.

Nous nous ressemblions, nos cursus avaient été identiques jusqu'à ce que je décide de mettre un terme au mien qui impactait trop ma vie personnelle et tende à me rendre plus fonctionnaire que flic. J'avais refusé de vendre mon âme de condé à une politique dévastatrice d'un service public. Pourtant lui avait continué et bien qu'il se dît en parfait accord avec mes idées sur le sujet il était resté là à contempler les cités se dézinguer et les dealers à proliférer. J'ai toujours su qu'il aimait cela en fait et même que cette atmosphère lui apportait les choses que la vie ne lui avait pas données. Il aimait gérer ses sources, c'est-à-dire jongler avec ses indics, et sentir ce sentiment de surpuissance qu'un flic peut ressentir lorsqu'il sait qu'il tient « par les couilles » un dealer et le contraint à lui fournir un excellent tuyau. Ce que Michel aimait n'était pas la gloire, même pas la joie que peut procurer la démolition d'un réseau de stups, non ce qu'il aimait c'était l'ambiance et le côté borderline que ce métier conférait à celui qui avait décidé de s'encanailler un peu en fréquentant, en se frottant à cette faune déterminée et assoiffée de sang et d'argent. Il aimait la matière comme l'on dit dans les services de police, il aimait la came mais pas pour en consommer mais simplement parce qu'elle était capable de générer la haine et la mort.

La came… Chacun la sienne et lui avait opté pour l'apéritif anisé. Une drogue légale et presque obligatoire à Marseille pour le flic voulant évoluer dans le bourbier des cités des quartiers nord. Il rend le quotidien plus léger et laisse penser qu'un jour il parviendra à éradiquer la race la plus tenace : les trafiquants de stups !

Sur la fin de sa carrière il ne savait plus qui faisait quoi et surtout pourquoi, c'était devenu n'importe quoi !

Un regard suffisait à signer son arrêt de mort et il lui semblait être devenu un fossoyeur plutôt qu'un enquêteur. Il ramassait les corps, comptait les points sans jamais résoudre une affaire, sans jamais interpeller personne pour ces trop nombreux crimes jamais élucidés. Il était fatigué et sa retraite bien méritée ne faisait que commencer au bord d'une mer Méditerranée aux vagues sournoises comme pouvaient l'être les cités. Le blanc du ressac lui rappelait sans doute la poudre que ces mecs s'enfilaient dans le tarin et c'est dans la garrigue qu'il allait semer ses souvenirs qu'il voulait aujourd'hui oublier. Mais la came vous colle à la peau et pas seulement à ceux qui en prennent, les flics qui ont travaillé sur ces affaires y deviennent aussi accros sans en prendre, elle est sournoise et bien qu'elle soit capable de dégrader les corps et les âmes elle laisse indéniablement chez les flics des relents de je ne sais quoi, des restes de «reviens-y». Sans aucun doute ils n'en réchappent pas et demeurent à tout jamais marqués par l'empreinte de cette saloperie. Michel était de ceux-là, il avait donc remplacé la coke et le shit par le pastis pour rendre sa retraite plus agréable et pour parvenir à se résigner de ne plus être, de ne plus faire partie de la grande maison que fut la police !

Je connaissais ce sentiment, ma démission m'avait laissé un goût amer dans la bouche et parfois il me semble le ressentir encore aujourd'hui.

Nous étions installés confortablement, il avait lui-même réservé une table d'où l'on pouvait presque toucher la mer et les fesses des minettes aux seins nus et hâlés. Il venait d'avaler son quatrième pastis et moi mon second Perrier. Il buvait cet apéritif aussi vite qu'il parlait, son débit était incessant et le flot d'informations qu'il voulait me donner était si important que je devais sans cesse l'inviter à ralentir. Je ne parvenais plus à le suivre. Son propos était teinté d'amertume et de regrets de ne plus être policier mais pourtant il ne parvenait pas à dissimuler sa joie d'avoir retrouvé sa liberté. Une mascarade pour l'ancien flic que j'étais, je savais que cette joie n'était qu'une parade à un profond malaise bien, très bien même installé.

Je n'ignorais pas que ce métier vous laisse des plaies béantes et une multitude de remords jamais apaisés, jamais soignés et des regrets. Beaucoup de regrets. Il en souffrait comme je l'avais fait et il me fallut plus de deux années pour accepter que je ne fusse plus ... FLIC !

Je l'écoutais parler, je le regardais se noyer dans l'anis avant de recentrer le débat sur ce qui m'intéressait vraiment. J'estimais trop cet homme pour lui mentir, ainsi je lui dis le plus simplement possible quel était mon projet et qui était l'homme qui allait me faire des confidences.

Il ne répondit pas tout de suite et fixa sa daurade durant de longues secondes comme s'il voulait l'empêcher de retourner à l'eau toute proche. Il avala la dernière gorgée de pastis puis posant son verre il chuchota : *tu es devenu fou ou quoi ?*

Je confectionnais une réponse dans un sourire gêné et dans la recherche d'un geste qui aurait pu me donner de l'assurance, une contenance, en vain. Je paraissais subitement stupide et mes doigts gourds ne parvenaient pas à saisir les couverts afin de découper mon entrecôte grillée.

Il engloutit d'un seul coup la moitié d'un filet de canthère sans veiller à ne pas avaler une arête, il fit disparaître son énorme bouchée avec l'aide d'un long canon de rosé frais puis il m'interrogea d'un ton grave sur la véracité de mon propos et sur mon état psychologique. Je le rassurais très vite sur mon état de santé mentale et eus besoin de lui rappeler que je n'étais plus flic et que depuis plusieurs années j'écrivais des livres. Il avala une deuxième bouchée de poisson en manquant de s'étouffer et c'est encore une rasade de pinard qui vint lui rendre son souffle.

Ne déconne pas Marc ! C'est ridicule ! me dit-il en toussant.

Je devais utiliser un stratagème afin qu'il comprenne ma démarche et cesse de me sermonner comme si j'étais un enfant. Il avait passé trop d'années dans les commissariats Marseillais et cette période l'avait formaté comme je le fus aussi en mon temps. Aussi je remis les choses à leur place et lui fis comprendre que s'il ne souhaitait pas m'aider j'irais voir quelqu'un d'autre, qu'il n'était pas le seul à connaître les réseaux et les «grandes» familles de voyous ayant laissé leurs signatures dans les tueries. Je lui précisai enfin que je n'avais pas forcément besoin de lui.

Michel était fier et mon dernier argument vint le titiller, l'agacer. Je savais que son récent départ en retraite avait été une véritable déchirure et ne pas m'aider aurait été pour lui un cruel affront qu'il aurait eu du mal à combattre. Il était habité par les trafics, par la procédure pénale et pensait parfois que les narcotrafiquants Marseillais faisaient partie intégrante de sa famille. Pour eux il avait délaissé sa véritable famille et n'avait pas vu grandir ses propres enfants en allant ramasser ceux qui se faisaient abattre en tentant de se convaincre que ces homicides ne l'impactaient pas. Moi je savais qu'à chaque corps qu'il ramassait une plaie béante et sanglante s'ouvrait dans la tête de mon ami. L'humour, la dérision et le cynisme ne parvenaient pas à les effacer. Il serait flic jusqu'à sa mort.

Il vida son verre de vin avant de le remplir à nouveau, d'un geste de la main je déclinai sa proposition de remplir le mien.

- C'est une famille de tordus Marc ... C'est lequel que tu vas voir ? Mohamed est mort, le plus jeune n'a jamais fait parler de lui donc il reste… Samir !

Je donnais l'information qu'il m'avait demandée en terminant mon eau gazeuse et, sans tarder, il me répondit :

- C'est le pire de la fratrie ! On lui crédite au moins cinq meurtres qu'il aurait commandités ou auxquels il aurait participé. Il est sournois et vicieux Marc. Méfie-toi de lui !
Il prit le temps de réfléchir en faisant tournoyer le rosé dans sa bouche comme s'il dégustait un grand cru. Il ne s'agissait que d'un mauvais rosé de Provence à l'appellation écornée, éhontée ou franchement usurpée. Un mauvais vin en somme …
- Pourquoi fait-il ça ? Me lança-t-il sur un ton agacé. Michel savait que ces voyous là ne balancent pas et ne s'allongent jamais devant les flics. Je sentis en lui comme une méfiance. Pensa t-il à ce moment là que j'étais un menteur et que le testais ou pire encore que je me moquais de lui ? J'effaçais très vite ses doutes et pour ce faire je dus lui raconter la première rencontre, l'affaire de stups et le petit frère que j'avais relâché pour ne pas être ennuyé dans ma procédure. Je dus encore lui dire comment Samir avait apprécié cette décision et ce que le cadet était devenu. Je dus parler, argumenter afin de convaincre ce vieux flic de m'aider à profiler Samir. Il commanda une seconde bouteille de vin tout en confirmant l'avenir plus serein du jeune frère puis il eut besoin de me dépeindre le tableau familial en commençant par le frère aîné, Mohamed. Il fit le portrait d'un véritable fou sans aucun sentiment ni retenu, il le détestait et cela se sentait dans ses propos et ses attitudes. C'était viscéral.
Un jour Michel eut à gérer une affaire dans laquelle le frère de Samir était impliqué, une affaire de violences avec arme où aucune arme n'avait été retrouvée et pour laquelle la victime, pourtant sauvagement amochée, refusa étrangement de déposer plainte. Michel comprit très vite le réel motif de la dispute mais ses investigations restèrent vaines et inutiles. De toute évidence le différend portait sur une disparition de matière stupéfiante que la victime aurait « étouffée » pour son propre compte. Sans l'intervention impromptue d'un équipage de la BAC cela se serait terminé dans un bain de sang. Mais Michel poursuivit son récit en me relatant la relation qu'il avait réussi à mettre en place

durant le temps de la garde à vue. Mohamed fut docile parfois et agité la plupart du temps, dans un échange presque courtois il se laissa aller à quelques confidences, hors audition bien entendu, sur ses business et sur ses ambitions. Il glissa à Michel que son frère Samir était très intelligent et allait instaurer sa propre loi. Lui savait qu'il allait finir la gueule dans le caniveau tôt ou tard. Trois mois plus tard, la victime du différend était retrouvée assassinée d'une rafale de kalachnikov à l'orée d'une cité des quartiers nord de Marseille. L'affaire était une fois de plus « policièrement » élucidée sans que la famille B... ne soit mise en difficulté. Pour Michel c'était évident, le règlement de compte fut exécuté par les deux frères Mohamed et Samir B...

- C'est avec ça que tu veux travailler ? Me dit-il sur un ton agressif.

Je terminais mon repas en regardant le bleu de la mer. Je commençais à douter mais je ne voulais évidemment pas que cela se voit et que Michel, extrêmement psychologue comme tous les bons flics, le décèle et s'y engouffre. Je restais donc serein et cachais derrière un sourire ma gêne et mon hésitation.

Michel n'avait pas terminé son récit et il souhaita entrer dans les détails pour me dissuader de poursuivre ce qu'il considérait à présent comme grotesque.

- Tu sais c'est un monde de barjots où rien ne correspond à ce que tu crois, à ce que tu attends. Depuis ton départ les choses se sont aggravées et ce que tu as connu n'existe plus. La violence est décuplée. Un matin il peut arriver avec une ligne de coke dans le tarin et te mettre une balle en pleine tête simplement parce qu'il estimera que tu l'as mal regardé ou que tu lui as mal parlé. As-tu conscience de cela ? Rajouta Michel sur un ton agacé.

Je répondis par un signe de tête. Mon approbation ne calma évidemment pas Michel et, aidé par l'alcool, il monta sur ses grands chevaux en négligeant la proximité que nous avions avec d'autres clients. Ces derniers cessèrent même leur conversation pour ne pas manquer une seule parole de mon interlocuteur devenu véhément. Je lui fis un signe afin de lui signifier la curiosité malsaine de nos voisins, il finit par comprendre et se tut brutalement.

- Je ne te comprends pas Marc, à quoi cela va servir ?
Je pris le temps de lui expliquer mes motivations et l'intérêt d'un tel récit. Je raisonnais en auteur et lui en flic, en simple flic encore prisonnier de son carcan, prisonnier de ce raisonnement qui leur est propre.

Le flic est manichéen c'est son métier qui le rend ainsi, je l'ai été moi également et il me fallut plusieurs années pour devenir un homme capable d'analyser des situations autrement que par le prisme déformant du monde policier. La question qui se posait aujourd'hui c'était de savoir dans quel camp Michel me plaçait, je crois qu'il se la posait tout en me parlant. Ne pas pouvoir obtenir de réponses le mettait dans l'embarras, faisait monter en lui une colère qu'il ne pouvait plus dissimuler.

Moi je n'avais pas changé de camp et je ne m'étais pas placé dans une engeance, une de ces catégories que les flics exècrent à force de les fréquenter mais auxquelles ils finissent par ressembler inéluctablement. Michel n'avait pas échappé à cette règle, une règle bien trop répandue à notre époque, à une époque où le flic devait quelque peu se fourvoyer pour améliorer son efficacité. Pourtant Michel a été de ceux-là et il excellait même dans cet art de laisser croire aux dealers, aux tueurs que l'on peut mettre en place une sorte de complicité, de partenariat. Alors pourquoi soudainement n'acceptait-il pas que j'écrive les confidences d'un tueur, pourquoi n'acceptait-il pas que je rencontre assidûment cet homme, je décidais de lui poser la question.

Il prit le temps pour me répondre car je savais qu'il l'ignorait encore. Il dut cogiter en avalant du rosé glacé, il dut longuement réfléchir pour me donner une espèce de réponse qui ne me convenait pas. De toute manière aucune de ses réponses ne m'aurait donné satisfaction.

Nous n'étions plus dans le même camp. J'avais quitté la police depuis plusieurs années alors que son départ était encore récent, quelques mois à peine. Depuis le temps j'avais pu me libérer du fardeau que vous impose ce métier, lui il y était encore et le boulet qu'il traînait pesait encore lourd à sa cheville, il l'empêchait d'avancer pour la circonstance, de raisonner clairement et avec discernement.

- Je ne sais pas quoi te dire Marc. Je crois que j'ai peur pour toi, lança-t-il sèchement avant de regarder la carte des desserts. Il retrouva très vite son mutisme et fixa l'horizon et la mer aux légères vagues étonnamment silencieuses.

Ce fut une tarte Tatin qui allait conclure son repas, moi je choisis une panna cotta aux fruits rouges. Nos douceurs furent très vite posées devant nous et je vis le sourire de Michel fendre son visage alors que j'écartais délicatement le coulis rouge pour aller planter ma cuillère dans la crème blanche et gélatineuse. Il ne put s'empêcher de lâcher ce que j'attendais :

- Tu n'en as pas assez vu du raisiné dans ta carrière, faut-il vraiment que tu remues cette merde ?

L'allusion était parfaite, la métaphore aussi. Il semblait fier de lui. Il leva son verre et trinqua à ma santé et : *Tu me le dédicaceras au moins ?*

La mer était belle, pas un nuage ne venait assombrir le ciel. Il n'y avait donc aucune raison pour que mes projets d'écriture soient ternis par quoi que ce soit mais au fond de moi un doute persistait encore…

5

Hésitation

Je connaissais Michel et sa grande gueule, je savais aussi qu'il détestait les voyous et que toutes ces années passées auprès d'eux avaient fait de lui cet homme enclin à avaler des apéritifs sans compter. Sa retraite l'avait achevé et rendu encore plus aigri que ce qu'il fut. Néanmoins le repas du bord de mer m'avait donné matière à réfléchir et les nuits qui suivirent ne furent pas de tout repos. Je tournais sans cesse dans mon lit jusqu'à réveiller ma compagne, jusqu'à susciter chez elle un doute sur ma fidélité ou tout autre chose. Jamais elle n'aurait pu imaginer que je lui cachais l'écriture de cet ouvrage.

Je lui en avais pourtant parlé et elle avait tout de suite émis un avis défavorable. Pour poursuivre mon projet je lui mentais donc. Mais ces nuits blanches me permirent de réfléchir. Si elles ne me procuraient pas de repos, il fallait bien qu'elles aient une utilité. Je passais donc quelques nuitées devant ma télévision à dévorer des glaces et à m'abrutir devant des programmes débiles sans parvenir à trouver les réponses aux questions qui me dévoraient. Je doutais maintenant de devoir continuer. Pris entre la crainte et le mensonge je culpabilisais et l'insomnie rajoutait à mon mal être des difficultés qu'il fallait que je combatte rapidement pour retrouver la paix et surtout faire le choix de poursuivre ou d'arrêter ce que j'avais déjà entrepris.

Je n'imaginais pourtant pas cesser mon projet, il avait occupé une bonne partie de mon année et avait pollué mon esprit ces dernières semaines. Je ne suis pas homme à renoncer et puis le puis-je encore aujourd'hui alors que j'ai engagé ma responsabilité vis-à-vis d'un voyou de cité. Pour qui passerais-je, comment serait perçue ma défection et mon changement brutal d'avis ?

Mal, très mal et je ne l'ignore pas. Je dois donc poursuivre en ignorant tout ce que je sais maintenant et tenter d'oublier les détails fournis par Michel afin de ne pas donner une direction orientée à mon récit. Samir est un voyou et un tueur et je dois aller à sa rencontre, l'entendre et écrire ce qu'il a à me dire.

Ce matin je me suis réveillé sur mon canapé. Je n'ai pas eu la force d'effectuer les quelques mètres qui me séparent de notre lit et de me lover contre elle. J'ai mal à la nuque, au dos et une migraine frappe dans mon crâne comme pour se dégager d'un carcan osseux. En guise de petit-déjeuner j'avale des comprimés d'aspirine afin de soulager ces maux de tête et me résigne à m'envoyer un jus serré et noir, aussi noir que mes idées.

C'est en me laissant encore tomber sur le canapé que je repense à Samir, à sa vie dans sa cité et à ses ambitions professionnelles. Que va-t-il me dire, par quoi va-t-il commencer ?

C'est à moi de le guider, c'est moi qui dois lui donner le fil rouge de ce récit afin que je comprenne son cursus et le rende lisible et agréable. Dans ma tête, malgré ma céphalée, se rangent déjà mes idées. Mon texte se structure et je sais enfin comment je vais l'écrire. Il doit être clair et précis sans fioritures pouvant rendre le protagoniste attachant. Je dois le raconter tel qu'il est avec tout ce qu'il a de laid, tout ce qui a fait de lui ce monstre capable de tuer froidement mais je dois surtout le peindre tel qu'il est réellement. Aussi je ferai apparaître ses failles et ses doutes comme sa colère et sa haine.

J'avale mon café et regarde mon plafond blanc, je n'hésite plus je dois y aller.

Comme Samir, mais à une autre époque, j'ai moi aussi grandi dans une cité des quartiers nord de Marseille. J'ai aussi connu la drogue et j'ai vu ma génération se décimer à l'héroïne et au Sida. C'est aussi ce que je veux raconter, l'histoire de ces quartiers et leur paupérisation m'intéressent presque autant que le parcours d'un jeune loup aux dents longues et acérées pris dans le tourment de la résine de cannabis, de l'argent facile et des règlements de compte. Je dois savoir pourquoi et surtout comment Samir a gravi les échelons et comment il en est arrivé à abattre ses rivaux qui peut-être était jadis ses alliés voire ses amis. Voilà les questions que je lui poserai, voilà ce que je veux entendre de la bouche de ce jeune homme ayant accepté de parler. Je dois le pousser dans ses derniers retranchements pour obtenir ce qui ne s'est encore jamais dit, ce qui n'a jamais été écrit. Lentement je le laisserai venir à moi puis je monterai crescendo dans mon questionnement pour comprendre comment on peut en arriver là.

Mais Samir ne l'ignore pas, il est assez intelligent pour imaginer ce que je peux et vais lui demander. Parfois je pense que s'il a accepté de parler c'est qu'il a également décidé de dire ce qui peut être parfois difficile à porter même pour un homme comme lui.

Après tout pourquoi n'aurai-il pas des regrets, des états d'âme ? Combien en a-t-il tué, comment les a-t-il abattus et surtout pourquoi les a-t-il éliminés ?

Ces trois questions seront lancinantes, elles donneront le ton de nos entretiens mais d'abord il faut qu'il y ait évidemment une genèse. Depuis son plus jeune âge il a vécu là et je veux qu'il me raconte la progression au sein des trafics, me détaille son ascension et comment il voit son avenir.

Cela fait plus de dix ans que je l'ai rencontré pour la première fois, dix années que nous nous sommes croisés dans mon bureau où il a tabassé son petit frère avant de l'emmener loin du béton gris des cités de Marseille et de la résine brune du cannabis Marocain. Dix ans c'est long et durant ces années-là nous n'avons rien créé, rien établi. Pas de contact, pas de rencontres rien qui aurait pu sceller une amitié, une confiance et aider au récit comme à l'écriture d'un livre sur sa vie et ses «exploits» criminels. Me fait-il confiance et dois-je lui accorder la mienne ? C'est cette question qui me taraude en fait et elle alimente ma peur car je ne comprends pas pourquoi il a accepté de me parler. Après tout je ne le connais pas et lui que sait-il de moi ?

Dans ces quartiers la confiance est un mot qui n'a pas de sens ou alors un sens quelque peu différent de celui qu'il peut avoir ailleurs. Il peut prendre une signification lourde lorsque cela arrange celui qui va l'utiliser puis devenir en quelques dixièmes de seconde une futilité. En tout cas il n'a pas le sens que le Petit Larousse indique, dans ces milieux là on ne fait confiance en personne, on se méfie de tout et de tous.

Pour Samir je reste un flic, un condé comme l'on aime dire dans le nord de la ville. Même si j'ai démissionné je le resterai pour lui et sa bande ; un flic avec tout ce que cela comporte.

Un flic se comporte comme un voyou. Ses attitudes, son regard et son esprit suspicieux sont les mêmes. Mais en réalité tous deux restent fondamentalement opposés.

Un condé affirme sans vergogne qu'un voyou reste un voyou et j'ai côtoyé des collègues affirmant qu'un bon voyou était un voyou mort mais j'ai aussi entendu dire qu'un voyou était un flic qui avait réussi. Je n'ai jamais douté que les voyous pensent la même chose de nous et pour avoir frôlé à plusieurs reprises la grande faucheuse lors d'interventions délicates j'ai toujours eu la certitude que certains d'entre eux auraient aimé nous savoir aux boulevards des allongés plutôt qu'en planque au bas de leur immeuble. Alors si dans les yeux de Samir je reste un flic pourquoi a-t-il accepté plutôt facilement de me parler sans contrepartie ? Mais je vais cesser de me poser cette question et accepter le marché que nous avons passé, après tout il a accepté de parler et je dois en profiter. Peu m'importe ses raisons, il se moque bien des miennes.

Moi-même je ne raisonne plus en tant que flic et mes expériences nombreuses me permettent aujourd'hui d'avoir une capacité d'analyse que je n'avais pas alors en activité. Je suis un autre homme plus calme, plus serein aussi et jadis je n'aurai pas eu envie d'écrire un tel livre. À cette époque les voyous ne me passionnaient pas et leurs histoires comme leur faconde étaient détestables. Je n'imaginais pas un jour mettre sur le papier la vie d'un tueur des quartiers nord de Marseille.

Je les ai beaucoup combattus, sans cesse pourchassés et très souvent engeôlés, je ne les ai jamais aimés. Pourtant au fond de moi subsistait une once d'humanité qui m'empêchait d'oublier leurs conditions de vie et le peu d'avenir que notre société était capable de leur offrir. Les cités dans lesquelles ils vivent ne sont que désolation et lorsque je m'y rendais je ne pouvais me résigner à voir autant de misère et de crasse. Était-ce leur personne que je n'aimais pas où seulement leurs fonctions, leur rôle au sein des différents trafics ? Une chose est certaine c'est que je n'aimais pas l'atmosphère, l'ambiance dans laquelle ils évoluaient. Pour toutes ces raisons, elles s'opposaient aux nôtres, à nos repères puisque lorsque l'on est flic on passe son temps à juger telle ou telle catégorie de gens. La bulle dans laquelle j'évoluais m'empêchait alors de voir plus loin que l'angle de la rue de mon commissariat et parfois pas plus loin que le bout de mon nez. On s'efforce de ne pas vouloir ressembler à cette population que l'on pourchasse et parfois même s'il m'est arrivé de me comporter comme eux je n'osais l'admettre.

Je me laissais aller à comparer mes enfants à ceux traînant au milieu des trafics en, bien évidemment, protégeant mes progénitures de toute cette crasse infecte. Je rejetais en bloc ce mode de vie comme si ne pas vouloir le voir aurait fait obstacle à ce qu'un jour il me rattrape. J'avais peur d'être contaminé, je craignais que leur pathologies soient contagieuses. Cette peur qui empêche sans doute les flics de prendre le temps de chercher à comprendre comment et pourquoi l'on devient un dealer puis un tueur, une peur cohérente mais si stupide qu'elle ressemble à s'y méprendre à un racisme, ou tout au moins à un rejet radical et irréfléchi.

Aujourd'hui je n'ai plus peur et mon carcan de flic déposé me permet de voir les réalités altérées auparavant par mes œillères républicaines. Samir a-t-il connaissance de cela ?

Des Samir j'en ai connu, j'en ai tellement vu qu'à la fin je les détestais. Certains m'ont fait prendre des colères phénoménales alors que d'autres étaient parvenus à me tirer des larmes. Leur quotidien est pitoyable, misérable et même s'ils parviennent un jour à amasser de l'argent ils n'en profitent que très rarement. Leur vie n'est faite que de trahison et de crainte des mardis matin, jour d'interpellations. Ils n'ont évolué que là et ne connaissent que cela. Cette vie reste leur référence, leur unique base.

Je veux décortiquer le mécanisme, le processus intellectuel poussant un jeune homme à prendre les armes et à devenir un tueur. C'est bien cela qui m'intéresse et me motive, le reste étant à mes yeux dérisoires et trop souvent racontés dans de nombreux ouvrages.

Je sais que c'est une chance inouïe de pouvoir le faire et certains auraient aimé bénéficier de cette complicité avec un voyou de cité afin de signer ce récit. Je mesure ce que Samir m'offre et je me dois de le respecter.

En aucun cas je ne déformerai son propos et sauf pour dissimuler son identité je ne masquerai pas la vérité, sa vérité.

Je n'ai plus aucune hésitation. Demain matin j'irai acheter mon premier téléphone …

Ce n'est pas le Rubicon que je m'apprête à franchir mais me vient en tête la phrase prononcée par Jules César avant qu'il ne le traverse pour marcher sur Rome : Aléa Jacta Est …

6

Actes préparatoires

Je venais de laisser mon téléphone portable personnel chez moi et me rendais dans un bureau de tabac avec la ferme intention, conformément aux instructions de Samir, d'acheter un appareil en vente et surtout en accès libres. Je faisais donc l'acquisition d'un modèle contre la somme de quarante euros que je réglais évidemment en numéraire. Les méthodes usitées des voyous allaient devenir familières et après les avoir traqués sur ce terrain-là voilà que je m'y aventurais aussi.

J'étais allé repérer un bureau de tabac isolé, loin d'une agglomération et de sa horde de caméras de vidéoprotection. Je devais passer inaperçu même si à ce moment-là mon achat n'avait rien d'illégal. Je savais que je ne reviendrai pas à cet endroit. Le deuxième achat comme les suivants allait donc devoir se faire ailleurs dans des patelins éloignés et hors surveillance électronique.

L'achat d'un tel moyen de communication était aisé car son usage échappait à tout contrôle ou presque. Pas ou peu de possibilités pour les autorités policières de procéder à des écoutes téléphoniques puisqu'elles ignoraient le numéro et comme l'usage ce faisait de façon éphémère et ciblée sur certains numéros il est très compliqué de le repérer. Mais il fallait surveiller notre langage pour éviter que les surveillances aléatoires repèrent les mots soumis à une attention particulière des services de renseignements. Je ne devais en aucun cas parler mais seulement écrire des SMS sibyllins.

Je devais à présent faire parvenir un message à Samir afin qu'il ait mon nouveau numéro et qu'il puisse à son tour me répondre pour me fixer un lieu et une date de rendez-vous.

Samir était largement au fait des moyens et méthodes des flics pour le pourchasser et comme il disposait déjà de trois lignes différentes toutes à des noms usurpés sur des boîtes à lettres de sa cité il ne prenait pas de risques d'être écouté. De plus il n'avait aucune conversation intéressant ces business sur une ligne téléphonique puisqu'il savait encore que des écoutes non officielles existaient comme des moyens techniques de localiser des appels sur un secteur concerné ou mettant en évidence une conversation suspecte. En bref Samir connaissait tout des dispositifs policiers et il savait bien évidemment tous les déjouer. De mon côté je connaissais bien sûr tout cela et je n'avais pas non plus envie d'être entendu par mes anciens collègues alors que j'entrais en contact avec Samir. Même si nos conversations auraient pu s'expliquer il aurait été compliqué de le faire à des services d'enquête pour définir la teneur réelle de ma relation avec un tueur des quartiers nord. Et puis je n'avais aucune envie de me justifier, d'expliquer ma démarche au risque de tout faire capoter. Les flics sont curieux, je l'ai aussi été, et nous ne souhaitions pas éveiller leur curiosité. C'était évidemment une des conditions sine qua non fixées par Samir. Je lui avais donné ma parole et j'allais donc la respecter.

La mise en fonctionnement de cet appareil était simple, j'activais donc la ligne et me déplaçais dans un secteur du département bien éloigné de mon lieu d'habitation afin de déclencher une cellule autre que celle se trouvant sur le toit du bâtiment faisant face à mon domicile. Je transmis un SMS laconique n'ayant pour but que de donner mon numéro à Samir et je patientais.

Ce n'est que le soir même que je reçus une réponse alors que j'étais sur la route du retour. La réponse était aussi brève que précise, il me confirmait la réception de mon texto et me fixait un rendez-vous dans deux jours dans la campagne Aixoise en direction du circuit du grand Sambuc.

J'avais donc deux jours à attendre, cela me permettrait de peaufiner mes questions et de préparer notre entrevue.

Le secteur du Grand Sambuc était bien isolé. Il fallait quitter Aix-en-Provence et emprunter des routes étroites et sinueuses afin d'atteindre ce quartier. Non loin de la montagne Sainte Victoire, au milieu de nulle part, il y avait un circuit sur lequel des automobiles de sport faisaient du bruit et des excès en tout genre. La garrigue n'était pas dérangée par les vrombissements des gros moteurs, seuls les lapins pouvaient s'en plaindre mais ne l'avaient pas encore fait, tout au moins pas à ma connaissance. Samir se moquait des voitures de sport, ce qui l'intéressait en ce lieu c'était surtout l'éloignement des quartiers nord et l'isolement. Il allait être servi.

La veille du rendez-vous, je pris le temps de m'interroger encore une fois, je m'imposais de réfléchir à ce que je m'apprêtais à faire qui, pour un journaliste pouvait sembler banal et quotidien, mais qui pour moi et mon passé de flic était énorme et décalé.

Je savais que j'allais entendre des choses graves, que j'allais avoir connaissance de délits et de crimes que mes anciens collègues s'évertuaient à solutionner mais que, contrairement à ce que j'avais jusqu'alors fait, je devais conserver cela par-devers moi avant de l'écrire. Ce qui peut sembler bizarre c'est que bien que certain de ne pas divulguer ces informations, au fond de moi je craignais qu'une espèce de relent de flicaille m'impose de le faire. J'ai encore du mal à expliquer ce sentiment assez étrange qui m'a tordu l'esprit durant quelques semaines avant l'écriture. Comme si quelque chose d'inéluctable allait me pousser à redevenir ce que je n'avais plus voulu être. Je me perdais dans mes raisonnements et, fidèle à moi-même, je ne pouvais m'empêcher de penser, de réfléchir et de devoir trouver des réponses cohérentes à chaque question, et ce même à celles qui n'en avaient pas et en l'occurrence ne devaient pas en avoir.

L'amitié entre un tueur et un ancien flic peut-elle exister, est-ce que ces deux hommes peuvent échanger librement et sans aucune contrainte, voilà les questions qui me traversaient sans cesse l'esprit tout en sachant que Samir ne sera jamais mon ami. Cette relation ne devra exister que le temps de l'écriture !
Malgré tout je me connaissais et savais que mon côté humaniste pouvait refaire surface et que je pouvais, sans m'apitoyer bien sûr, au moins comprendre ce cursus atypique de voyou. Mais comprendre n'est pas approuver. Le risque de se perdre existait bien et je devais le maîtriser.
Le jour J approchait…

7

Jour J

C'était un matin du mois d'août, un petit matin calme et doux. Une fine couche de nuages constituait un léger voile n'ayant pour but que de perturber le soleil et d'assombrir les mines des personnes que je croisais dans la rue. Je rejoins mon garage et nonchalamment j'actionnai sa porte d'une légère poussée sur la télécommande. Silencieusement le vantail se souleva, je contemplai la lumière orange clignoter. Je comptai ses soubresauts comme un malade de troubles obsessionnels compulsifs puis je m'engageai dans cet espace sale et sombre.

Mais ce matin il n'y avait pas que le sol de mon garage que la poussière recouvrait, mon esprit n'était pas bien réveillé. Je n'étais encore pas certain de devoir y aller. Est-ce que j'étais prêt à entendre ce que Samir était disposé à me dire ?

Comme un automate, une marionnette je m'engouffrais dans ma voiture. C'était fait, j'y allais.

Il n'était pas encore neuf heures que j'avais déjà atteint le Grand Sambuc, je circulai lentement afin de repérer le lieu prévu par Samir. Un renfoncement en bordure de route donnant accès à la garrigue par un chemin de terre. Je m'y engageais.

Il me fallut parcourir à peine cent mètres pour entrevoir une voiture sombre stationnée dans le sens du départ. Ce fut ce détail qui me confirma que l'automobile était bien celle de Samir. D'ailleurs à peine pointais-je mon nez qu'il s'extirpait de l'habitacle de sa Renault Clio. Une autre voiture de location.

Mes réflexes de flic étaient encore présents, d'un coup d'œil je balayais l'environnement et notamment l'intérieur de sa Renault. Je devais m'assurer qu'il était bien seul. Il en fit d'ailleurs autant tout en conservant sa main droite dans le creux de ses reins. Finalement Samir n'était pas plus en confiance que je ne l'étais. Il se porta au niveau de la fenêtre du conducteur et me demanda de me stationner dans le même sens que lui et m'intima, sur un ton autoritaire, l'ordre d'ouvrir mon coffre. Le cérémonial était rodé, mais il m'effrayait un peu. Comment travailler avec un homme aussi inquiet, comment ne pas avoir peur ? Nous étions tous les deux effrayés de se piéger, nous avions peur de faire, peur de dire et surtout de regretter d'avoir fait ou dit.

Je rangeais mon auto et quittais l'habitacle en lui montrant les paumes de mes mains. Je ne parvenais pas à dissimuler ma crainte, lui restait vigilant sans déplacer sa main droite de son dos. Le coffre était évidemment vide, nous pouvions donc commencer à nous détendre. Samir ne put s'empêcher de me dire : - *Excuse-moi mais je me méfie de tout le monde ! Viens on va dans ma caisse.*

Sans mot dire je lui emboîtais le pas et je remarquais inévitablement la bosse qui déformait son fin blouson de jean. Il portait une arme dans le creux de ses reins…

Je pris place sur le siège du passager avant, lui se mit au volant tout en continuant d'observer les abords et notamment le chemin desservant notre accès. Ses mains avaient enserré le volant, elles étaient crispées tant il était tendu. Moi aussi.

Lentement il pivota vers moi et me fixa de son regard noir et perçant : - *Tu sais que si tu te manques c'est ton arrêt de mort que tu signes ?*

Un signe de tête suffit à lui répondre, il renchérit :

- *Je vais te raconter ce que tu veux entendre, ne me demande pas pourquoi c'est comme ça. J'ai envie de le faire et puis à le faire autant que je le fasse pour toi ! Tu n'es plus condé et je te fais confiance mais si tu me trahis Marc je te promets que je te mets deux balles dans la tête !*

Pour étayer ses propos Samir crut nécessaire de sortir son arme et de me la brandir sous le nez. Il devint soudain menaçant et à l'aide de mon index je détournais le canon de son pistolet vers le pare-brise et lui dis : - *Écoute-moi Samir je suis un homme de confiance et ce qui va se dire durant nos entretiens ne servira qu'à écrire mon livre. Tu as ma parole d'homme ! Maintenant si tu regrettes et veux arrêter je respecterais ton choix !* Mes dernières paroles sortirent sans que j'y réfléchisse, ne dévoilaient-elles pas un peu mon intention de mettre fin à ce projet fou, je ne le saurai jamais.

Il plaça son arme dans son dos et dessina sur son visage un très large sourire faisant apparaître ses dents abîmées : - *Allez vas-y pose tes questions flicard !*

Le ton était donné, je pouvais enfin commencer. Je n'avais en fait rien préparé ou pas grand-chose. Je connaissais la ligne que je voulais suivre et je souhaitais surtout le laisser parler, le laisser se répandre puisque je venais de comprendre que c'était de cela qu'il avait envie, besoin même.

Moi je n'étais pas là pour le plaindre, pour me lamenter sur son triste sort de voyou et même sur les circonstances ou les conditions de vie qui auraient pu le conduire dans l'impasse dans laquelle il avait sciemment décidé de se rendre.

L'impasse de l'illégalité et du meurtre. Je n'avais qu'à mettre un euro dans le juke-box et le laisser chanter ses chansons jusqu'à épuisement du répertoire. Il en mourait d'envie, je le sentais mûr pour me dire ce que moi aussi je rêvais d'entendre. J'avais hâte de les entendre.

Je lui demandais donc de me parler de lui et des quartiers nord de Marseille. Je n'eus pas le temps de terminer ma phrase qu'il avait pris possession de la parole. Son discours était clair et précis, structuré même.

Je compris très vite que Samir était un homme de parole dans un monde de traîtres et de raclures en tout genre. Il dénotait quelque peu de cette horde sanguinaire que j'avais eu à côtoyer durant ma carrière et notamment les périodes passées dans le secteur nord de la ville. Un secteur sinistré.

C'était bien un homme pareil qu'il fallait, je savais qu'il n'allait pas me raconter des mensonges pour se faire mousser. Je commençais à avoir confiance en lui. Je n'avais plus qu'à l'écouter.

Il avait grandi là au milieu de ces tours de béton, il y était né bien après moi puisqu'il était mon cadet de plus de vingt années. J'avais connu les cités plus calme et sereine que lui, en effet à mon époque elles abritaient des Italiens et des Espagnols chassés par les mouvements populistes respectifs. J'allais à l'école avec des africains, des maghrébins, des arméniens et des juifs. Nous n'étions pas des gens originaires d'ailleurs nous n'étions que des enfants qui mangeaient des pâtes ou de la paella, du couscous ou des falafels. Je n'ai pas connu de problèmes liés à nos origines.

La résine de cannabis n'avait pas encore noyauté ces quartiers mais déjà mes copains se défonçaient à la colle à rustine pour peut-être trouver un ailleurs bien moins gris. Et pourtant j'ai souvenir de nombreuses éclaircies.

Par la suite j'ai constaté une lente descente dans les abysses d'une paupérisation inéluctable étroitement liée à un contexte économique défavorable et à une gestion municipale désastreuse. Les cités que j'avais connues resplendissantes s'enveloppaient dans une grisaille digne des Hauts de France un soir d'automne. Le soleil du travail ne parvenait plus à percer le béton gris du chômage et le ballon que nous poussions de nos pieds venait d'être remplacé par des savonnettes de résine brunâtre à l'odeur âcre. Le shit était en train de s'imposer comme unique référence aux yeux de gamins fascinés par Tony Montana sans jamais prendre la peine de regarder le film Scarface. Ils n'en connaissaient que deux tirades légendaires qu'ils formulaient à l'envi pour tenter de ressembler à Tony, bon nombre d'entre eux allaient finir comme lui.

Leur avenir ne semblait se dessiner qu'au travers du trafic de stupéfiants et leur ambition se forger qu'à coups de Kalachnikov. Le sang allait commencer à couler dans ces quartiers populaires déjà bien entachés par une politique d'abandon. Tant au niveau local que national c'est tout une génération de responsables politiques qui ont fait l'impasse sur ces quartiers en niant ce qui était une évidence et ce que nous flics de terrain avions commencé à constater et à dénoncer voilà plus de vingt ans. Nos alertes restèrent sans réponse, les impératifs électoraux étaient bien éloignés des jérémiades de simples flicards de rue. C'est la génération de Samir qui allait prendre de plein fouet cette paupérisation leur bloquant l'accès à une vie meilleure et de fait les contraignant, pour la plupart, à s'adonner à la vente de résine de cannabis puis à prendre les armes et à les faire hurler et cracher la mort.

Samir été né au milieu des années 80 par un matin de printemps. Il faisait chaud et le soleil pointait son nez au-dessus des collines Marseillaises.

Sa mère élevait son frère aîné avec beaucoup de difficultés alors que son père passait ses journées à dépenser son fric issu du Revenu Minimum d'Insertion en tentant de décrocher le quinté entre cafés du matin et pastis du midi. Il rentrait chaque soir alcoolisé pour hurler sa haine de la société, du PMU et de ces maudits chevaux incapables de se placer gagnants. Des bourricots disait-il pour oublier que lui-même n'était qu'un âne bâté, un pochtron ayant le vin mauvais. Un raté.

Souvent il molestait son épouse avant de s'endormir sur le canapé et après avoir rendu un liquide bien anisé sur la carpette du salon. C'est dans cette atmosphère que Samir a grandi, aux côtés d'un frère déjà délinquant à à peine 12 ans ; même pas un record dans un tel quartier.

De sept années son aîné le gamin avait fui l'école pour aller faire reluire les bancs des commissariats et ennuyer les policiers désabusés. Il était sournois, pervers et méchant me disait Samir avant de clore cette parenthèse qui semblait le perturber.

Il tournait autour du sujet comme s'il ne savait pas par où commencer et je lui précisai que c'était un excellent début et que son introduction était conforme à mes attentes. Durant ses silences, parfois étrangement longs, je l'observais attentivement. Chaque mimique avait pour moi un sens, du moins je les interprétais toutes sans en manquer une. Du moindre clignement de paupière au serrage de poing jusqu'à rendre ses doigts livides sans occulter son regard, ce regard noir devenant quelquefois vide, aux profondeurs abyssales.

Il prit quelques secondes pour souffler et rajuster son flingue qui devait lui presser le bas du dos. Puis lentement il reprit son récit. Lorsqu'il évoquait son passé il souffrait et ne savait pas dissimuler sa peine. L'évocation de sa mère et de sa misérable vie était douloureuse alors que lorsqu'il évoquait son frère aîné c'était de la colère que je pouvais lire sur ses traits. Pas une fois il parlait de son jeune frère mais ses mâchoires se serraient lorsqu'il me parlait de son frère aîné, Mohamed.

Moi, je ne prenais que quelques notes que je ne relirai pas. Pas besoin de me relire tant l'intensité de l'échange allait indéniablement me marquer. Parfois je dessinais des volutes à l'encre noire pour détourner son regard et le conduire ailleurs, dans des chemins moins abrupts que ceux que nous devions inexorablement aborder. Je voulais que cette première rencontre soit sereine et qu'il en sorte apaisé car parler longuement de la souffrance de sa mère aurait pu le contrarier et peut-être le convaincre de ne pas poursuivre. Je le préservais et je prenais soin de mon projet. Samir l'avait bien compris mais il souhaitait poursuivre ce morne prélude pour en terminer au plus tôt. Il savait encore qu'il devait passer par là pour atteindre ce qu'il faisait semblant d'occulter : une certaine paix intérieure.

Cela bien évidemment il ne me le confiait pas mais je connaissais tellement bien les gens comme lui, j'avais pu imaginer combien il peut être lourd de porter de tels secrets lorsque l'on n'est pas trop stupide, pas trop lobotomisé par une vie d'illégalité. Samir était tout sauf stupide bien que son raisonnement se limitait à celui d'un jeune criminel. Son langage restait pauvre, il était fait de mots inventés au milieu des bâtiments sales. Des mots ne trouvant pas leur place dans un dictionnaire de la langue française mais dans celui virtuel du monde des cités et de leur violence.

Il reprit son monologue sans hausser la voix, en conservant ce ton monocorde adopté depuis le début. Parfois il grattait sa joue et détournait son regard vers les arbres et la colline. Souvent il souriait pour cacher une gêne bien trop voyante. De l'émotion aussi mais pas encore des regrets. Sans doute ne viendraient-ils jamais.

Je ne disais mot, j'écoutais. Je buvais ses paroles et ne souhaitais pas l'interrompre de peur qu'il ne reprenne jamais son récit ou pire encore qu'il s'emporte et devienne violent ou simplement totalement silencieux en se réfugiant derrière son regard noir.

Avant même d'entrer à l'école maternelle il fut confronté au réseau et même à la violence. Il entendait hurler ARAH par les guetteurs depuis les fenêtres de la chambre qu'il partageait avec son frère. Les voix étaient fortes et les insultes faciles tout comme les menaces proférées aux rivaux en guise de berceuses. À peine fut-il naît que les sons caractéristiques claquaient dans ses tympans tel un bourrage de crâne. L'école maternelle elle aussi se trouvait au cœur du quartier. Les membres du réseau rabattaient leurs clients depuis son parvis. Samir affirmait se souvenir de cela. Il parlait de la cité comme d'autres auraient évoqué une terre lointaine, une contrée si éloignée que nul ne pouvait s'y rendre. Une terre hostile pour celui qui n'y vit pas ou celui qui s'y égarerait. Déjà, dans les années 80, la terreur était la règle bien qu'elle n'était qu'à l'aube de ce qu'elle est trop vite devenue. Les dealers n'étaient que des artisans aux méthodes encore peu sophistiquées et les structures de leur business n'étaient que minimalistes en laissant penser à de fins observateurs qu'une organisation allait très vite s'imposer. Samir, encore minot, évoluait là sans comprendre et surtout sans savoir que plus tard il en deviendrait un sérieux entrepreneur.

L'école communale n'était pas bien éloignée non plus de la cité et de ses infractions. Une fois de plus il allait assister au ballet des scooters des choufs (guetteurs) et aux hurlements des moins âgés pour aviser de la venue de l'intrus : la police !
Alors que Samir entrait au CM2, il n'avait donc pas 10 ans, son frère avait goûté à la garde à vue et aux claques pédagogiques des flics de la Brigade Anticriminalité locale. Rien n'y faisait, absolument rien ne pouvait convaincre l'aîné de ne plus faire de bêtises. Il n'était pas malin et de plus, malgré ses dix-sept ans, il avait une grande gueule et ne supportait aucune autorité. Celle de son père était noyée dans le pastis, c'est sa mère qui devait se rendre au commissariat pour y déposer en tant que civilement responsable. Là elle cachait ses hématomes en trimbalant le petit

dernier, Samir, au bout de sa main martyrisée. Un jour ce ne fut pas à l'hôtel de police qu'elle se rendit mais à la prison des Baumettes, Samir me relatait ce moment avec précision et émotion. Il revoyait distinctement les larmes de sa mère et la douleur qu'elle contenait derrière son voile. Samir allait avoir 13 ans et la colère commençait à monter en lui.

Cela il pouvait le verbaliser aisément et il ne manqua pas de mot pour l'exprimer. Il parlait souvent de colère, plus encore de rage. Une rage qui semblait le dévorer et même lui servir de motivation, d'unique intention. Cette colère prit pour cible, dans un premier temps, l'école et tout ce qu'elle incarnait d'autorité et surtout de savoir. Savoir où se trouvaient, pour l'éducation nationale et seulement pour elle, le bien et le mal. Ce manichéisme n'avait aucune raison d'être dans ce que Samir connaissait, dans le seul paradigme que vivre dans sa cité lui offrait. Il sentait en lui sa colère progresser. À treize ans il était déjà une teigne et ne parlait plus qu'avec ses poings. Sans aucune difficulté il exprimait cela puis frappant le volant de son automobile il vint me relater un évènement qu'il considérait comme un autre élément déclencheur ayant largement contribué à faire de lui ce voyou haineux.

C'était un matin d'hiver, un matin où la saison de Noël ne parvient pas à s'imposer au profit d'un soleil éclatant et chaud. Un matin d'hiver de Provence. Mais le soleil n'était que dans le ciel, il ne pouvait réchauffer le cœur de sa mère ni assécher ses larmes abondamment versées. Elle venait d'apprendre qu'elle portait encore un enfant. Samir imagina la conception un soir de beuverie durant lequel son père alcoolisé aurait abusé d'elle, de cette femme meurtrie et bien incapable de réagir, d'agir. Elle subissait depuis si longtemps. Samir était révolté, il en voulait à la terre entière et à cette cité maudite d'où rien de bon ne semblait pouvoir sortir, où rien de légal ne semblait pouvoir germer. Tout était illégalité et manque de respect.

Que pouvait-il faire, comment pouvait-il agir pour protéger cette maman esseulée dans un univers de béton et de shit. Il était impuissant.

Lorsqu'il rentrait de l'école personne ne lui faisait faire ses devoirs, il rangeait son cartable dans sa chambre pour aller courir au milieu du réseau et pour observer ce qu'il pensait être inéluctable. Durant de longues soirées il observait afin de comprendre le fonctionnement du réseau et ses défaillances. Pour cela il était fort, excellent même puisque son esprit de déduction était aisé. Il ne lui fallut pas longtemps pour tout comprendre et prendre ses marques.

Logiquement il fut repéré et approché par un «grand» du quartier. Il ne manquait pas grand-chose pour qu'il mette son doigt dans l'engrenage tout en sachant que ce doigt était le début d'une autre chose, une grande chose.

Cela Samir le voulait, il le désirait plus que tout même car il savait depuis bien longtemps que ce n'était pas sa cellule familiale qui allait être capable de lui offrir autre chose. Pas de grandes écoles, pas d'emploi ni de salaire conséquents, il se savait condamné à la misère et à la colère. Alors logiquement il répondit oui pour échapper à la vision de ce ventre s'arrondissant chaque jour, ce ventre abritant un enfant destiné à être malheureux comme lui l'était.

Il était déjà onze heures trente et je n'avais pas vu le temps passer. Rien ne m'attendait, rien d'autre que mon bureau et mon clavier. Samir observa l'écran de son I-phone et mit subitement un terme à son propos. Il m'invita à renouveler le texto depuis le téléphone que j'avais acheté. Il me tendit encore un morceau de papier chiffonné sur lequel je découvris un nouveau numéro de téléphone pour le joindre.

J'approuvais et quittais sa voiture pour rejoindre la mienne. Depuis sa fenêtre il me lança : *Salut Flicard, à la prochaine !*

La Clio disparut derrière un énorme nuage de poussière blanche. Je restais là les yeux dans le vague.

Je mesurais soudain l'ampleur du désastre de sa vie et me laissa aller à m'apitoyer sur son sort. Cela je ne l'avais jamais fait, jamais cette idée n'était venue traverser mon esprit. Je raisonnais alors en flic, en con de flic sans jamais me poser et chercher à comprendre. Il avait donc fallu que je quitte cette police pour prendre le temps de raisonner, de me pencher sur ces gens que j'avais considérés qu'à travers mes yeux et mon expérience de policier. Je parlais de manichéisme et devais admettre que le flic lui l'est, il n'est d'ailleurs que cela et je l'ai tellement été. Je pris quelques minutes pour réfléchir et ne manquais pas de prendre conscience que j'avais à présent la capacité de m'interroger sur les cités et sur la vie que l'on peut y mener. Les cités des quartiers nord ne sont que désolation et Samir était désolant.

Allais-je de nouveau entrer en empathie ?

8

Seul

Le vacarme assourdissant des heures de pointe m'accompagne durant le court trajet séparant mon lit de mon minuscule bureau. Je m'installe face à mon écran. Seul !

C'est le moment de réfléchir à ce que je veux faire du peu que Samir m'a confié hier, c'est aussi le moment de faire une introspection afin de savoir si poursuivre est bien ce que je souhaite. Je ne cesse de m'interroger sur l'intérêt de nos rencontres tout en sachant que j'en ai également besoin.

Qu'est-ce que c'est qui me pousse à aller voir et entendre un tueur, qu'est-ce que c'est qui est capable de transformer ma curiosité en intérêt littéraire ? Je l'ignore mais c'est certainement cette force d'attraction étrange faite d'un reliquat du flic que j'ai été et du modeste auteur que je suis sans occulter le citoyen que je suis redevenu en démissionnant. Ce citoyen curieux et engagé.

En attendant mon écran s'illumine et je retranscris, de mémoire, ce que j'ai appris. En quelque sorte une genèse d'une vie de voyou, d'une vie gâchée. Mes doigts s'agitent sur les touches et les pages se noircissent rapidement. Je construis le texte avec précision et en respectant les propos de Samir.

Maintenant je n'ai qu'une hâte c'est de le revoir, de l'écouter encore et de progresser dans le récit. Je ne doute pas une seconde qu'il sera intéressant et que, bien que je devine pas mal de choses, je vais en apprendre d'autres. Des détails qui risquent de me surprendre mais qui apporteront à mon texte des informations encore méconnues du grand public.

Je frappe mon clavier et je ne peux m'empêcher de penser à lui et à ce qu'il fait en ce moment. Comment peut-il encore poursuivre ses activités alors qu'il sait qu'il va me les raconter avec force détail ?

Parvient-il à dissimuler à ses complices cette trahison dont il est l'acteur principal et même l'unique volontaire ? Je n'ai pas eu à insister ni même à négocier afin qu'il balance ce qu'il est et ce qu'il fait. Une brève rencontre et un accord tacite passé avec une rapidité incroyable auront suffi à faire d'un criminel une balance, donc un traître. Pourtant je ne le considère pas comme tel, pour moi il est un homme égaré dans le labyrinthe de la haine et de l'argent sale. Je sais qu'il faut impérativement que je maintienne cette vision de lui pour empêcher mon sale instinct de flic de ressurgir avec ses côtés sombres et radicaux. Pourtant parfois je me surprends à me laisser aller à de la sollicitude et à des égards à l'endroit de mon interlocuteur. Non pas que je souhaite préserver sa propension à me relater mais plutôt parce que je suis attiré par lui et son histoire, une attraction étrange, presque une fascination.

Ai-je le droit, moi l'ancien condé de me laisser emporter par cette forme de passion, de traction ? Je l'ignore et, à ce stade-là, je n'ai pas envie de chercher de réponse.

Et moi suis-je un traître d'avoir eu cette idée, me suis-je fourvoyé dans une aventure pouvant me dépasser, susceptible d'avoir des conséquences graves voire dramatiques, je ne le pense pas. Au yeux de mes anciens collègues je passerais certainement pour un traître de m'être acoquiné avec un «crasseux» de cités comme ils disent. Comme moi même j'ai dit… Mais je me moque de ce qu'ils pensent, de ce qu'ils diront même puisque je sais que ma démarche est saine et importante.

C'est mon passé de flic qui me permet de recueillir ces aveux, c'est sans doute aussi ma personnalité qui me permet encore, après des années passées, à pouvoir établir ce type de relation.
Le monde de Samir n'est pas le mien, ils sont même aux antipodes mais ce qui me frappe le plus c'est la confiance que m'accorde ce tueur alors que la définition même de ce mot semble lui avoir échappé depuis bien longtemps. Peut-être ne l'a-t-il jamais connue d'ailleurs. En ce qui me concerne et parce que je suis un homme de confiance il sera assuré de ma fidélité et du respect de mes engagements. Cela je ne l'ignore pas mais pour lui est-ce la même chose ?
N'interprétera-t-il pas mes écrits ou ne sera-t-il pas déstabilisé lorsqu'ils seront publiés ? Le fait-il pour laisser une forme d'héritage, un témoignage laissé à sa mère ? C'est une hypothèse qui viendrait aisément expliquer sa décision de me relater ce qu'il est devenu. Je l'ignore aujourd'hui. Le serai-je un jour ?
Aujourd'hui il ne semble pas s'interroger là-dessus mais je reste sceptique quant à son envie de vider les tiroirs de son crâne bien trop emplis par les tas d'immondices qu'il a vus, qu'il a engendrés. Et pourtant c'est bien ce qu'il fait avec moi. Purger sa conscience ou balancer pour me rendre service, peu m'importe je vais poursuivre.
Je suis encore seul et mes doigts font résonner les cliquetis du clavier, je revois les images de cette rencontre. Les mots forment très vite des phrases.

J'ai un souvenir intact et précis de son récit, j'ai hâte qu'il prenne forme.

Les cités que connaît Samir ne sont plus celles que j'ai connues étant gamin. Elles ne sont aujourd'hui que des coupe-gorge et des zones de non-droits. Cela aussi je veux que Samir me le détaille et évoque cette « bunkerisation ».

9

Genèse

Dans toute histoire il y a un début et une fin. Ce matin je m'interroge déjà afin de savoir si la mienne va se poursuivre et pourtant je voudrais tant mettre le point final à ce texte.

Depuis deux jours je tente de contacter, par SMS, Samir sans obtenir de réponse. J'ai refréné mon envie d'insister en le bombardant de textos alors je me suis contenté de deux messages brefs pour lesquels j'ai reçu un accusé de réception, mais pas de retour. Je patiente puis m'impatiente.

Mon téléphone, acheté dans un bureau de tabac, n'a plus de forfait et je ne sais pas si je dois le renouveler en utilisant une fausse identité ou si je dois en acheter un autre. J'hésite.

J'attends les directives tout en tournant en rond chez moi, je trépigne, je perds patience. Je trouve le temps long, très long.

Ce n'est qu'en fin de journée que mon téléphone me signale l'arrivée d'un message. Il est tard et le film que nous regardons ma compagne et moi n'est pas parvenu à mobiliser mon attention.

D'ailleurs elle ne dit mot lorsque je quitte le canapé pour aller consulter ma messagerie. C'est bien lui …

Le texto est laconique, il me donne rendez-vous deux jours plus tard près du circuit du Castellet dans le Var. La route qui conduit au village de Signes est sinueuse et sans autres précisions il m'invite à progresser en direction du bourg. Je le retrouverai là-bas vers 9 heures.

Deux jours à attendre cela va être long, très long mais je dois me résigner et obéir aux indications de Samir. C'est lui qui a les atouts en main.

Étrangement ma compagne ne m'interroge pas sur ce SMS tardif ni même sur la présence d'un second téléphone subitement apparu sans que je lui en parle. Elle me connaît et je sais qu'elle n'ignore pas ce que je manigance. Elle ne m'adresse même pas un regard et reprend ma main alors que je viens de me laisser tomber dans le canapé moelleux.

10

Poursuite

Il n'était pas encore neuf heures que j'empruntais la route de Signes, charmant village du haut Var. Je roulais au pas et contraignais les autres automobilistes à me dépasser en râlant vocalement et à l'aide de leur avertisseur sonore. Je n'y prêtais pas attention tant j'étais obnubilé par le rendez-vous et la crainte de ne pas voir Samir à l'orée d'un bois ou à l'embouchure d'un chemin de terre. Je circulais sans me soucier des autres, j'avançais vers je ne savais quoi.

Au sortir d'un virage prononcé, ce fut un appel de phares qui vint me faire sursauter. Samir, d'un geste du bras sorti par la fenêtre, me fit signe de le suivre. Je lui emboîtais le pas alors que sa nouvelle voiture, une Opel Corsa de location, empruntait un chemin non carrossable et très poussiéreux.
Dans un renfoncement il stoppa son véhicule et patienta que je le rejoigne. Le cérémonial était toujours le même et je compris

qu'il allait durer le temps de nos entrevues. Il fallait que je m'y plie bien que je trouvais cela grotesque. Sa méfiance était telle que les rencontres champêtres allaient certainement remporter son suffrage au détriment d'un établissement climatisé au centre d'une bourgade même éloignée de Marseille.

Je quittais mon habitacle de voiture pour rejoindre le sien. Dès l'ouverture de la portière de grandes effluves âcres sautèrent à mon visage ou plutôt à mes narines vulnérables et peu enclines à recevoir ce type de fragrances de manière aussi matinale.
Je sursautai instinctivement alors que Samir lâchait minutieusement une immense nuée blanchâtre qui vint caresser le pare-brise et mon visage. Je ne dis pas mon mécontentement mais ma grimace le laissait voir, en un grand sourire Samir me tendit son joint de cannabis afin que j'y tire dessus. Bien incapable de consommer ce produit je refusais d'un geste de la main son offrande. Après avoir tiré une grande taffe sur son pétard minable il en jeta, par la fenêtre, le mégot encore incandescent.
- *Tu devrais en prendre un peu ça te détendrait*, me dit-il en riant stupidement. Il était éclaté, ses yeux rougis par la fumée étaient injectés de sang et son attitude nonchalante comme son regard fuyant dévoilaient son état second. C'était la première fois que je le voyais ainsi. J'avais eu, sans doute à tort, un avis sur lui. Je l'avais peut-être imaginé comme je voulais qu'il soit et pas comme il était réellement. Je m'étais persuadé qu'il n'était pas consommateur de résine de cannabis et que malgré son mode de vie bien en marge de la société, il avait une existence plutôt saine pour pouvoir étendre son pouvoir en gardant les idées claires. De toute évidence je m'étais trompé. Je fus un peu déçu.

Très vite j'entrais dans le sujet et je repris mes questions là où nous nous étions arrêtés lors de notre précédente entrevue. Il ne fallut pas que je lui tende la perche trop longtemps, il reprit sans aucune hésitation là où nous avions cessé notre conversation. Immédiatement et à ma grande surprise il évoqua sa mère et son père et les conditions de vie de la famille. J'avais pressenti que cela était important pour lui et allait lui servir pour dénoncer aussi les modes de vie auxquelles les familles comme la sienne sont contraintes de vivre ou plutôt de survivre.

Furtivement il m'avait précédemment lancé que le trafic de stupéfiants était l'unique orientation proposée aux jeunes des cités des quartiers nord de Marseille. Elle ne l'était pas par l'éducation Nationale mais par la rue et les cités, les plus anciens au sein des trafics et les caïds locaux. Une évidence en somme pour tous jeunes désireux de s'extirper de ces zones infâmes qu'étaient devenues les cités.

Mais je n'étais pas dupe et je n'ignorais pas que bon nombre de jeunes gens parviennent à sortir des griffes dont me parlait Samir. Était-ce une justification, en avait-il d'ailleurs besoin ? Je ne sais pas mais je ne lui en demandais aucune.

Samir parlait sans discontinuer de sa mère et de son calvaire, de ce minot arrivé sans être désiré. Son frère aîné, Mohamed, était déjà abonné aux gardes à vue et évidemment à la prison. Samir restait le seul à tenir la route dans une famille détruite par le shit et l'alcool. Ces deux substances avaient fait entrer dans le logis la haine et la violence. La violence de tout, la violence parce que l'ignorance, la violence gratuite, celle qui fait que sa mère était battue et celle qui emprisonne son frère.

Le cadet allait naître dans une prison, il allait connaître les barreaux de la misère avant même de mettre le nez dehors. La prison était partout, elle était dans leur logement, dans leur vie et dans leur tête.

Samir posa ses deux mains sur le volant puis il y appuya son front en détournant évidemment son regard. Je ne voyais plus ses yeux éclatés par le shit. Dans un ton plus calme il reprit son récit et vint à évoquer son père, le vieux comme il disait lorsqu'il ne l'affublait pas du terme peu élogieux de Con ou de Connard. Je ne l'interrompis pas, je le fixais tant je savais que ce qu'il allait me relater allait me consterner, me terrifier. Je ne savais pas pourquoi mais j'avais ressenti une forme particulière de haine de la personne qui incarnait son père. Un rejet plutôt.

Je ne saurais encore dire pourquoi mais pour avoir entendu Samir parler de son père, de toute évidence il ne pouvait en dire que des choses horribles mais je ne mesurais pas encore la teneur exacte de ses propos et surtout l'intensité.

C'était un soir d'hiver, un hiver humide et froid comme parfois il s'en installe dans la cité phocéenne pour peut-être rappeler aux Provençaux que le reste de l'année ils sont privilégiés. Depuis plusieurs jours la tension était à son comble à la maison et chaque soir que Dieu ou plutôt Allah faisait n'était que déferlement de colère et de haine. L'alcool imprégnait inlassablement son père, il n'était qu'une loque humaine lorsqu'il rentrait de sa tournée des bars ou plutôt de l'unique snack du bas de l'immeuble. Là il se noyait dans de la mauvaise bière souvent pas fraîche, là il racontait ses pseudos exploits sexuels avec sa femme et se vantait de la battre lorsqu'elle n'écartait pas les cuisses. Il faisait rire l'assemblée en humiliant celle qui le supportait depuis trop longtemps.

La cité est un village et les rumeurs vont bon train, Samir les recevait en pleine gueule au détour d'un bâtiment. Il n'avait que quinze ans alors et son petit frère n'était âgé que de deux ans. Mohamed brillait par son absence, il imposait des parloirs à sa mère et des journées à attendre devant la porte de la prison des Baumettes. Son mioche au bout du bras elle allait au parloir comme l'on va au marché, comme l'on va en enfer. Là elle recevait encore des insultes et de la violence de son fils aîné jusqu'à ne devenir qu'un zombie errant du nord au sud de la ville sans en avoir l'envie et plus la force.

Samir ne fréquentait plus beaucoup le lycée, le proviseur était las d'en aviser les parents et sans doute attendait-il que le gamin atteigne ses seize ans afin qu'il soit totalement libéré de ce qui était évidemment un carcan, une corvée. La rue lui avait déjà appris la vie et l'orthographe comme la grammaire n'étaient pas son obsession.

Ce soir-là il faisait donc froid et Samir n'était pas encore rentré. Il traînait entre les bâtiments de la cité, il observait le ciel au sommet des tours de béton gris. Que cherchait-il à ce moment-là, que désirait-il ?

Ses intentions étaient bien établies, il avait sans cesse répété le scénario dans sa tête pour ne pas se manquer, pour ne pas être ridicule et parvenir à ses fins. Il était à bout et après avoir essuyé trop de larmes sur ses joues il avait décidé de passer à l'action pour défendre sa mère de ce père alcoolique et violent.

Alors qu'il déambulait il cogitait, alors qu'il progressait il échafaudait son plan et sa technique. Il savait que son père rentrait chaque soir à la même heure et il connaissait parfaitement le cérémonial auquel il se livrait. Des habitudes abjectes me confia-t-il. Samir était excédé mais il était avant tout déterminé à agir.

Posté à l'angle de son bâtiment il guettait l'arrivée de son géniteur. Il n'eut pas de peine pour le reconnaître à sa démarche chaloupée et à ses soubresauts liés à la nausée de houblon trop ingurgité. Samir lui emboîta le pas et alors que son père utilisa l'ascenseur exceptionnellement en fonctionnement, Samir gravit les trois étages en courant.

À peine avait-il passé le pas de la porte que Samir se colla à lui et le bouscula violemment. Le vieux chuta lourdement sur le sol du minuscule hall d'entrée, la violence du choc provoqua un râle puis un jet de vomi acide aux arômes de bière pas encore digérée. Il prit appui sur ses coudes afin de regarder celui qui l'avait bousculé mais Samir s'était déjà jeté sur lui en hurlant sa colère et sa haine.

Ce soir tu ne la toucheras pas connard, s'écria-t-il. Machinalement il s'emparait d'une arme placée dans le creux de ses reins et vint placer le canon dans la bouche de son père. Tout en le maintenant au sol il continuait à le menacer de son arme et d'injures puissantes. Il était déchaîné.

Puis lentement il releva la tête et vit sa mère appuyée contre le chambranle de la porte, elle ne dit pas un mot sans doute ses mains plaquées sur ses lèvres l'en empêchaient. Samir ne vit que ses grosses larmes ruisseler.

Il se rajusta et plaça son arme le long de sa jambe droite sans quitter du regard le vieil alcoolique qui tentait de se redresser.

Casse-toi maintenant, tu ne nous sers à rien, lança Samir à son père.

Tu vois Marc la première personne que j'ai menacée d'une arme c'était mon père, me dit Samir en relevant la tête.

Ne sachant comment me comporter je restais stoïque, comme imperméable à ce que je venais d'entendre mais ma posture ne tint pas longtemps et mon visage se fissura rapidement sans que je puisse malgré tout émettre un son, encore moins un mot cohérent pouvant correspondre aux arguments que Samir venait de me donner. Que pouvais-je dire après ça ?

Il se rajusta et vint placer son crâne contre l'appui-tête, il regardait loin devant lui pour échapper à mon regard fixe et vide. Je ne trouvais toujours pas les mots alors c'est lui qui reprit le monologue qu'il avait entrepris.

Le calibre était faux, un gun d'alarme trafiqué mais quand même. Je pense que j'aurais pu le tuer lorsque je le tenais au bout du canon. J'ai senti cette fois là la puissance d'une arme, rajouta-t-il sans me regarder.

Quinze ans ! Tu imagines Marc j'avais à peine quinze ans ! Je ne supportais plus ce connard, je ne pouvais plus voir ma mère se faire frapper ainsi. Il est parti tout de suite après et ... Ma mère est restée un mois sans m'adresser la parole. Je pense qu'à ce moment-là elle aussi venait de comprendre que j'étais devenu quelqu'un d'autre et qu'elle m'avait perdu. C'est là que j'ai vrillé !

Je ne répondis pas tout de suite, j'avais détourné mon regard pour le ne pas le gêner encore plus et lui laisser croire que mes yeux pouvaient le juger. Je tentais de digérer ce que j'avais entendu mais la bouchée était bien trop grosse pour mon étroit gosier. Il fallait malgré tout poursuivre l'entretien et je me devais de réagir assez vite.

Et après ça Samir comment ça s'est passé à la maison ? Ma phrase était stupide et j'en avais conscience, elle mettait en évidence mon embarras mais je n'avais pas trouvé d'autres moyens pour rebondir, pour relancer la machine et poursuivre le récit.

Après... J'ai traîné deux nuits dehors sans rentrer à la maison. J'ai dormi sur des cartons dans un local à vélo servant de planque aux dealers de la cité. J'ai noué des contacts un peu plus importants avec eux et au bout de la deuxième nuit ils m'ont demandé un service.

Lequel ? m'empressais-je de lui demander.

C'était simple, figure-toi que les condés de la BAC renseignaient les dealers de la cité sur les descentes de flics des stups et comme ils n'avaient pas encore mis en place le système des nourrices ils m'ont demandé de me charger de la came pendant quelques jours. Comme Mohamed me l'avait déjà demandé, j'ai accepté.

- *Comment ça, je ne comprends pas*, lui dis-je avec impatience de recevoir sa réponse.

- *Je te rappelle que j'étais encore au collège Marc et dans mon cartable personne n'irait chercher le shit. Alors pendant trois jours j'ai fait la mule en transportant le shit en classe*, me dit-il en riant. Il rajouta : *cela m'a obligé à retourner à l'école pendant quelques jours ...*

Je souris avec lui.

- *Après que les condés soient descendus, j'ai rendu la matière,* rajouta-t-il toujours en riant. *Et là crois moi que j'ai pris du galon, ils ont compris que j'étais digne de confiance.*

Et alors ? Lui demandais-je.

- *Alors il est déjà onze heures et il faut que je me casse Marc. On se rappelle très vite. Mets ça par écrit, c'est bon non ce que je t'ai donné aujourd'hui, ça te plaît ça ?*

Que pouvais-je répondre à cela ?

Je quittais sa voiture pour regagner la mienne, il disparut comme il était venu. Je restais planté quelques minutes les bras ballants et les yeux rêveurs. Je tentais encore d'assimiler ce que j'avais entendu. C'était fort, vraiment intense et je devais laisser décanter quelques jours avant de le retranscrire. Ces quelques informations me laissaient supposer que Samir pouvait me donner ce que j'attendais, j'étais confiant pour la suite.

Je pris malgré tout le temps de réfléchir, d'analyser l'homme que j'avais face à moi. Je n'avais trouvé chez lui aucun regret d'avoir placé le canon d'une arme dans la bouche d'un homme, de son propre père, je n'avais pas vu les signes distinctifs d'une gêne ou de quoi que ce soit d'ailleurs. La seule chose semblant le chagriner c'était qu'il avait assimilé ce geste, pour lui d'ailleurs presque anodin, à un début d'une nouvelle ère, une nouvelle carrière de voyou. Est-ce que cela lui conférait un statut ou est-ce qu'il se savait maintenant capable de braquer un homme. Lorsque l'on est capable de menacer son père, je pense qu'abattre un inconnu devient une formalité. Alors que j'écris cette dernière phrase, je mesure sa portée, je mesure ce qu'elle peut provoquer. Et pourtant dans le monde de Samir elle a du sens !

Je rentrais à faible allure en repassant en boucle le refrain que m'avait fredonné Samir, il était composé sur un air de musique militaire et les paroles souillées de sang et de larmes.

Pourquoi fait-il cela … ?
La prochaine fois je le lui demanderai …

La prochaine fois fut rapide. Allez savoir pourquoi Samir me contacta à peine deux jours après notre précédente rencontre.

11

Initiation

Je pris place à ses côtés et avant de poser ses joues sur les miennes il me tendit sa main pour que je vienne y claquer la mienne, il était rieur.

Ça va flicard ? me lança-t-il en souriant largement. *C'est sympa ici,* rajouta-t-il.

Je ne répondis pas et plaça sur mes genoux mon cahier sur lequel je m'apprêtais à griffonner quelques notes succinctes résumant ce que Samir allait me raconter.

Par quoi tu veux commencer, me dit-il.

Par le début Samir, raconte-moi ton enfance dans la cité et comment lentement tu es entré dans le trafic. Ton itinéraire m'intéresse énormément, je veux réellement savoir comment on devient ce que tu es aujourd'hui.

Samir se ferma soudainement comme s'il n'avait plus envie de parler, son sourire avait disparu et il détourna son regard vers un lointain horizon. Cherchait-il l'inspiration, le courage ou replaçait-il ses idées afin de construire un récit intelligent et chronologique ? Après quelques longues secondes de silence il me rassura en confirmant ma dernière hypothèse, celle du récit chronologique.

Samir était né dans les larmes d'une jeune mère mariée de force à un homme bien plus âgé qu'elle. Avant lui il y eut Mohamed de sept ans son aîné, après lui il y eut Hakim le cadet dont je m'étais occupé. Les souvenirs d'enfance il n'en avait pas énormément, pas de départ pour la montagne ou pour d'autres stations balnéaires, pas de barbe à papa et autres confiseries achetées en bord d'une plage ensoleillée. Non lui les souvenirs qui lui venaient en mémoire n'étaient que ceux d'étés chauds passés aux pieds des bâtiments sales de sa cité, des souvenirs de came et de coups de feu.

Très jeune il comprit où allait se trouver son destin, il comprit rapidement ce qu'il allait devenir et ne tirait pas de plans sur la comète d'une carrière d'ingénieur ou de pompier, même pas celle d'un manutentionnaire. Le business allait l'absorber comme l'avait été son frère aîné, sans qu'il puisse ne pas y aller, ne pas en être.

Les souvenirs de sa mère semblaient effacés, lointains ou simplement dissimulés derrière un sentiment que je crus être de la pudeur mais que j'identifiais très vite comme étant de la honte et du chagrin.

Pourtant dans ces milieux là le chagrin on ne le connaît pas, on l'ignore afin qu'il ne vienne pas polluer son activité, pour qu'il ne perturbe pas des intentions criminelles. Samir ne parlait donc pas beaucoup de sa mère ou alors à mots feutrés comme s'il voulait lui cacher ce que la pauvre femme ne devait pas ignorer. Comme si elle pouvait entendre nos échanges. Lorsqu'il évoquait sa tendre enfance et donc sa maman, il ne pouvait pas cacher ses larmes.

Samir se reprit et planta ses yeux dans les miens afin de reprendre un récit glaçant et méthodique. Parfois je m'interrogeais sur ses propos, je les trouvais presque ampoulés, tout au moins choisis comme si raconter cela parvenait à le soulager. Mais avait-il à être soulagé, en avait-il seulement besoin et puis de quoi pouvais-je le délester ?
Il esquiva la question par un sourire.
Tu sais lorsque j'allais à l'école, j'étais minot, Mohamed me donnait son shit et son pognon pour que je le lui garde dans mon cartable ! C'était pas de grosses quantité mais...
Je marquais un temps d'arrêt en prenant mes notes puis je l'invitais à me raconter.
Rapidement et dès sa sortie de prison, son frère aîné avait embrassé la carrière de dealer en imposant par sa violence immodérée sa suprématie à ses rivaux et même à ses complices. Mohamed, ne possédant pas l'intelligence de son cadet, avait été précédemment utilisé par des adultes comme «chien fou» capable d'utiliser les armes facilement. Il s'était forgé une réputation de fou furieux et l'énonciation de son nom faisait frémir ceux qui auraient voulu s'y opposer.
Mais alors qu'il occupait le poste de dealer au sein de la cité, il confia plusieurs fois sa marchandise et son argent à Samir, tout comme l'avaient fait les autres dealers un peu plus tard. Ce dernier planquait cela dans son cartable durant plusieurs jours sans poser de questions mais sans ignorer qu'il était, à cette époque et malgré lui, le complice d'un trafic important de drogue qui pourrissait le quartier. Pas une fois il ne protesta, pas une seule fois il ne résista au dictât de son frère et le petit bonhomme de dix ans partait à l'école avec le cartable rempli de shit et d'argent sale mêlés à ses cahiers de leçons. Samir déterminait cette époque comme le début de sa carrière de voyou sans

sourciller et sans s'en émouvoir. *Tu vois Marc j'étais fait pour ça !* dit-il simplement. *C'était mon destin et comme l'on dit chez nous Mektoub,* ajouta t-il.

Je n'avais pas bougé et j'écoutais religieusement son récit. D'ailleurs je n'eus pas besoin de le relancer, il trouva la suite seul et sans aide.

Par la suite Samir assista au déclin programmé de son frère aîné sans perdre de vue qu'il fallait aussi qu'il soit un soutien inébranlable de Hakim. Mohamed s'enfonçait inexorablement dans la criminalité en renforçant son côté violent et furieux. Quand il ne se battait pas avec ses propres complices c'était aux clients du deal qu'il cassait la gueule mais ce qu'il affectionnait particulièrement c'était se heurter aux flics. Il aimait la bagarre et c'était un cogneur comme s'il était plus aisé pour lui de s'exprimer avec les poings qu'avec des mots. Des mots d'ailleurs il en connaissait si peu…
Très vite son visage se déformait et les mois passés derrière les barreaux venaient lui infliger des blessures tout aussi profondes que celles qui allaient marquer le cœur de leur maman complètement paumée entre un mari violent et alcoolique et un enfant délinquant.
Samir grandissant se détacha de son frère aîné, il n'aimait pas ses méthodes et ses attitudes. Il détestait la haine qui semblait ruisseler de tout son être. À ses yeux il incarnait tout ce qu'il détestait et se promit de se comporter différemment. Mohamed avait pris une autre route, celle de la violence et pensait imposer son autorité en décimant l'ensemble de ses opposants sans discernement. Mohamed était tout le temps armé et n'hésitait pas à l'exhiber, à la brandir sous le nez de celui n'obéissant pas à ces ordres. Lentement il signait son acte de mort. La riposte s'organisait sans qu'il ne s'en soucie.

Mais à cette date-là Samir était bien jeune et bien qu'il ait transporté la drogue pour le compte de son frère cela ne prouvait pas aux trafiquants qu'il était capable de faire carrière. Sagement il prit le temps d'observer et de comprendre le fonctionnement des réseaux. Il n'avait que quinze ans et alors que certains de ses amis avaient déjà accepté d'en être lui refusa les propositions des chefs de réseaux. Il avait besoin de temps. Malgré tout la folie de Mohamed empêchait les dealers d'enrôler Samir de force et le contraindre à travailler pour eux. Ces méthodes existaient et les mineurs en étaient les cibles privilégiées.

C'est donc à seize ans que Samir fit lui-même la démarche d'aller proposer ses services au chef de réseau. Lorsqu'il l'avait décidé. Mohamed était de nouveau aux Baumettes pour une longue période et le besoin de personnels se faisait sentir. Samir avait déjà placé l'arme dans la bouche de son père et cette histoire, comme toutes les histoires, avait fait le tour du quartier. Elle avait fait de Samir un héros pour certains et un fou pour les autres. Lui, il s'en accommodait et comme jamais personne n'avait trouvé l'audace pour lui en parler il faisait mine de ne rien savoir. Ainsi il bâtissait sa légende.

Sans aucune hésitation ou réticence sa candidature fut évidemment retenue, sa plus grande référence était son origine familiale, il demeurait le frère de Mohamed le furieux, il avait prêté son cartable pour y cacher de la came et surtout il était capable de braquer un homme fût-il son propre père. Son CV était déjà donc bien rempli. Il débuta dans le réseau au bas de l'échelle, une place de guetteur lui était confiée et tout naturellement il se dispensa d'école.

Chaque matin il prit place au pied des bâtiments et très vite il fut repéré pour son œil aiguisé et sa capacité à fuir et à disparaître dans les méandres de la cité après avoir alerté le dispositif de l'arrivée des policiers en hurlant. Les flics, Samir les sentait, il les reniflait. En quelques semaines sa perspicacité permit de mettre à mal plusieurs descentes de police et donc de saisie de drogue et d'argent. Son curriculum vitae s'étoffait et sa réputation fit très vite le tour des quartiers nord de Marseille.

Logiquement il prit du galon et de guetteur il devint rabatteur puis inévitablement «charbonneur». C'était lui qui tenait le point de deal et vendait la matière. Il collectait l'argent, le dissimulait afin de le remettre à son supérieur lors de la collecte organisée quotidiennement. Cette responsabilité était lourde puisqu'il manipulait l'argent du business et aurait pu, s'il n'avait pas été quelque peu sensé, prendre la fuite avec ce pactole mais il n'ignorait encore pas que cela aurait scellé son sort et aurait été pourchassé inlassablement pour être passé par les armes dans des conditions abominables.

Samir avait opté une fois encore pour la patience et l'observation du réseau, il souhaitait comprendre les rouages, les appréhender parfaitement dans un seul but, celui de progresser et d'en prendre la tête le jour venu. Pour cela il fallait être très intelligent, certainement beaucoup plus que la majorité de la hiérarchie actuelle qui, malgré des dispositifs rodés, se laissait trop souvent interpeller. À chaque interpellation la perte était conséquente et entraînait inéluctablement des dommages importants tant en ce qui concernait la matière première, l'argent et évidemment les hommes. Des hommes qui commençaient à tomber comme des mouches flytoxées sous les balles rageuses des Kalachnikov. Samir comprit très vite que sa tranquillité devait passer par de bonnes relations avec les flics. Pour y avoir eu affaire à quelques reprises il comprit que ces policiers avaient admis l'existence des trafics et semblaient pour la plupart désabusés, laissant les transactions s'effectuer sous leur nez sans qu'ils puissent nuire de manière efficace et durable contre les trafics et les réseaux. Il saisit encore que deux services de police représentaient un réel danger pour le business, seulement deux brigades avaient la capacité de lui nuire : les brigades des stups, celle de la Police Judiciaire et celle de la sûreté départementale. Ces deux services étaient chargés de l'investigation et donc de la saisie potentielle de grosses quantité de came. Sur le secteur et notamment dans les cités c'était la Brigade Anticriminalité Nord qui chassait le dealer et même le consommateur. Mais la BAC n'était qu'un petit service de « saute-dessus » sans vocation à investiguer pour faire tomber les réseaux. Néanmoins ces derniers flics il apprit à les connaître, à repérer leur manège, leurs habitudes et même à référencer les numéros d'immatriculation de leurs voitures de patrouille. Il lui fallait donc infiltrer les deux services d'investigation en négligeant la BAC, un service uniquement chargé de l'interpellation ponctuelle sans procéder à des investigations, moins dangereux pour le business. Mais pour l'heure cela semblait prématuré, sa jeunesse et son manque d'expérience ne lui permettaient pas encore d'approcher les condés pour les tester et les soudoyer. Cela aussi viendrait en son temps.

Un jour, lors d'une de nos premières rencontres, Samir ouvrit une parenthèse sur cette arme, l'AK 47, mais il la referma très vite. Les aveux qu'il allait me faire lui avaient-ils semblé précipités, prématurés ou estimait-il qu'il n'avait pas à me les faire. Je pense que ce jour-là reconnaître ce qu'il m'avoua bien plus tard le faisait culpabiliser et la responsabilité ne lui incombant pas totalement avait-il le droit de parler des autres au risque d'être démasqué. Ce ne fut donc que bien plus tard, alors que la confiance entre nous s'était logiquement installée qu'il se laissa aller à de véritables confidences glaçantes et stupéfiantes sur l'arme devenue emblématique et presque synonyme des quartiers nord de la ville : l'AK 47 plus connue sous le nom de Kalachnikov.

Samir reprit son récit là où il l'avait laissé.
Assez vite il comprit les fonctionnements et parvint à décomposer les strates, il lui fallait maintenant découvrir les

filières et les approvisionnements mais surtout s'imposer, aux yeux des fournisseurs, comme celui qu'il fallait recruter. Pour ce faire il dut attendre encore un peu et il saisit qu'il lui manquait les fonds nécessaires pour installer son autorité.

Il prit le temps de m'exposer la hiérarchie des différents points de deal des quartiers nord. Il me rappela que chaque cité en comptait au moins un et qu'ils étaient tenus par des familles ayant fait leur place au soleil grâce à la violence et à un carnet d'adresses. Cela aussi lui faisait défaut.

Je n'eus pas besoin de le questionner sur les approvisionnements et les réseaux comme les origines de la matière, ses réponses apportèrent très vite les lumières que j'espérais. Je n'ignorais pas que derrière cette horde de jeunes gens assoiffés d'argent et avides d'actes violents ne pouvaient que se cacher d'autres voyous plus discrets mais non moins cupides, mais évidemment plus puissants et mieux implantés.

Marseille reste une terre de voyous et bien que nous sommes nombreux à le déplorer il semble qu'il s'agisse même de son ADN. Historiquement les voyous traditionnels ont fait la pluie et le beau temps dans cette ville est sa région, souvent même avec la complicité des autorités politiques, policières et judiciaires. Comprendre Marseille est simple lorsque l'on y est né mais devient un véritable sac de nœuds voire un panier de crabes dès lors que l'on se penche sur son fonctionnement intrinsèque, ou plutôt ses dysfonctionnements, avec un regard « d'estrangé » comme l'on dit sur le vieux-port.

Ma carrière au sein de la police locale m'avait permis de peaufiner mes connaissances de cette ville et évidemment de comprendre qui tenait les ficelles des marionnettes de cités.

Car en effet ces jeunes gens de quartiers faisant tourner les trafics de stupéfiants ne sont que les marionnettes des voyous traditionnels moins dissipés, plus hiérarchisés et souvent plus intelligents sans être moins violents, que les agités des cités.

Samir n'eut aucune difficulté à le reconnaître et du bout des lèvres il reconnut que d'autres « beaux mecs » tenaient les rênes des dispositifs mais que cela était en passe de changer. Il affirma que les arabes allaient s'emparer du business dans sa totalité et cela se ferait très vite en faisant parler les armes.

Ce jour-là il se faisait tard et il ne pouvait dissimuler son impatience. Sans aucun doute le rendez-vous avait déjà trop duré et il fallait qu'il rejoigne l'agglomération Marseillaise pour veiller à son business. Il rangea son calibre dans le creux de ses reins, se rajusta et me dit : « *Bon flicard c'est bon pour aujourd'hui. Change de téléphone et envoie-moi un SMS. J'ai du boulot !* »
Je quittais l'habitacle de sa voiture et, sans me retourner, je regagnais le mien. Il démarra silencieusement pour reprendre la route vers Marseille.

Je restai planté là en caressant mon cahier.

Ce que je vivais était incroyable, ce que j'entendais demeurait extraordinaire.
Je prenais lentement conscience de ce que j'allais écrire …

12

Plus tard

Comme il l'avait précédemment fait Samir resta silencieux durant plusieurs semaines malgré mes SMS de relance. Une fois de plus je m'interrogeais sur sa capacité à tenir ses engagements et sa fiabilité. Je passais ainsi plusieurs jours à errer entre mon salon et mon bureau et à relire mes notes griffonnées dans mon cahier ridicule.

Ridicule il me semblait aussi l'avoir été parfois puisque j'avais donné ma parole et même ma confiance à un jeune voyou de cité auquel auparavant je n'aurai jamais adressé la parole. Mais voilà je ne suis plus flic et je me dois de regarder les choses autrement, plus au travers du prisme déformant de la police mais à travers celui de la vie normale d'un auteur capable de recevoir de telles confidences. Mais pour moi ce n'était pas tout à fait encore acquis et faire «ami-ami» avec un tel individu me posait encore quelques fois des problèmes de conscience.

Mais je devais l'avouer ce sentiment amer surgissait uniquement lorsque mon interlocuteur semblait omettre son engagement, lorsqu'il m'oubliait. Ce livre je devais le faire et parvenir à faire fi de mes scrupules devait rester une règle à laquelle je me devais de ne pas déroger.

Néanmoins ces périodes de silence me permettaient de réfléchir sur la manière de construire le texte et sur celle que je devais adopter pour le présenter à une maison d'édition. Ce laps de temps me permettait encore de mettre de l'ordre dans mes idées et les questions que je devais poser à Samir même si jusqu'à présent il semblait avoir saisi le sens de mon texte il lui donnait vie sans que je sois contraint de le solliciter.

Samir était intelligent, cela je l'avais compris dès notre première rencontre. Tout chez lui démontrait sa capacité à comprendre les situations et à leur apporter une réponse rapide et adaptée. Je m'étais attardé sur son attitude, ses positionnements, son regard et même sa tenue vestimentaire. Trente années de police m'avaient permis d'appréhender ces choses-là et de sentir celui qui est capable comme celui qui ne l'est pas. Et Samir indéniablement était capable de beaucoup de choses dont celle de tenir ses engagements. Le soir de notre première rencontre il m'avait dit que rien ne pourrait l'empêcher de me raconter son histoire dès qu'il m'avait donné sa parole. Mais encore dans mes raisonnements de flic je n'accordais que peu de crédit à cet argument. Le doute m'envahissait. Il avait rajouté laconiquement que seules les balles de ses rivaux mettraient donc un terme à nos rencontres.

Chaque matin de silence, j'épluchais la presse afin de savoir s'il n'avait pas été la victime d'un règlement de compte sur les trottoirs sales des quartiers nord de la ville.

Un mois plus tard, Samir daignait enfin m'adresser une réponse, plutôt me fixer un rendez-vous.

Cette fois il avait opté pour la petite Camargue, la plaine de Fos-sur-Mer entre cette ville portuaire et Arles. Une vaste étendue rectiligne sans aucun relief ni végétation, aussi triste que la baie de Somme un soir d'hiver. L'idée me paraissait saugrenue mais j'avais pris pour engagement de respecter les conditions qu'il avait fixées et me rendre sans rechigner dans ces lieux pour le rencontrer. Je pris la route.

C'était au niveau du rond-point de la Fossette que je fus rattrapé par une voiture immatriculée en 76. Par de lancinants appels de phares il m'indiquait sa présence et me dépassa pour m'inviter à le suivre. La longue route était déserte en ce début d'après-midi, il respectait les limitations de vitesse pour ne pas éveiller les regards insistants des effectifs de police ou de gendarmerie. Après quelques kilomètres il enclencha son clignotant pour s'engager dans un chemin de terre. Il immobilisa sa voiture et en sortit très vite.

Il était souriant mais son regard restait suspicieux, il balayait les abords et sa main droite ne quittait pas la crosse de l'arme qu'il semblait encore avoir dissimulée dans le creux de ses reins.

Salut flicard ! me lança-t-il.

Je pensais que tu avais laissé tomber !

Un rictus servit de réponse. Il prit place dans ma voiture.

Étonnamment il reprit le récit là où nous l'avions laissé. Il fit un bref rappel sur sa position de l'époque et sur ses intentions. Sa motivation était à son paroxysme alors qu'il venait de comprendre comment il pouvait lentement mais sûrement s'approprier un marché. Samir comprit encore qu'il devait faire marcher son intelligence plus que sa capacité à être violent. Il fit le constat que seuls ceux qui réfléchissaient étaient encore de ce monde et s'étaient automatiquement placés du bon côté du canon. Il dénombra très vite ceux que l'ambition débordante avait condamné et ceux qui trop violent avait généré un abatage en règle. La discrétion et la détermination apparaissaient à ses yeux comme deux règles à ne jamais perdre de vue et à s'appliquer sans faille. Pour ne pas se faire remarquer il avait décidé de ne pas flamber son pognon, de vivre modestement sans quitter l'appartement familial de la cité. Il plaçait son argent dans une valise et en extrayait régulièrement quelques billets pour les donner à sa mère sans qu'elle s'interroge sur l'origine de cet argent. Elle aussi savait …

Alors Samir grimpa encore dans la hiérarchie en quittant le point de deal pour organiser les approvisionnements et prévoir des lieux de stockage de grosses quantités de résine de cannabis. Cette mission s'avérait plutôt aisée pour ce jeune ayant grandi dans la cité et n'ayant jamais manqué de respect à qui que ce soit. À l'opposé de son frère Mohamed, connu pour sa violence verbale et physique, Samir était connu et reconnu comme un bon fils aidant sa mère et portant assistance à son petit frère.

Même si aucune famille de la cité n'ignorait qu'il tenait un rôle déjà important dans le trafic de stupéfiants du quartier d'aucuns n'aurait imaginé qu'il puisse un jour devenir violent. Faire partie du trafic dans ces cités est une évidence et aux yeux de beaucoup il est un unique moyen de subsistance.

Samir n'évoquait plus sa famille. Très succinctement il parlait de Hakim et de ce qu'il était devenu mais ni son père ni sa mère ne faisaient l'objet de chapitre de sa part. Je devais donc l'amener sur ce terrain-là car il me semblait important d'en parler pour comprendre son cheminement criminel.

Alors sous la contrainte presque il laissait passer quelques informations concernant sa mère et son jeune frère mais jamais il n'évoqua son père. Je respectais son choix.

Samir venait d'avoir dix-huit ans, il avait pour mission de chapeauter le réseau de la cité. Il organisait le dispositif, récoltait l'argent, alimentait le dealer en marchandise, veillait au bon déroulement du chantier comme il disait. En fait il était contremaître. Sa vie personnelle ne s'articulait qu'autour de la cité. La semaine il travaillait et le week-end il envisageait son avenir sans quitter le « charbon ».

C'était un samedi soir, un soir de printemps. Les températures étaient agréables et le ciel dégagé laissait entrevoir un été chaud et lourd. Son labeur terminé il rentrait au domicile familial afin de donner de l'argent à sa mère. Cet argent dont elle connaissait l'origine mais qu'elle faisait mine d'ignorer, de l'argent sale mais ayant la même valeur qu'un autre pour remplir un réfrigérateur inexorablement vide.

Hakim grandissait tranquillement. Plutôt sérieux au collège il ne semblait pas tenté par le trafic et la violence. Samir se chargeait de surveiller ce jeune homme en le maintenant loin de ce monde infect que lui avait pourtant épousé.
Samir ne rentrait quasiment plus au domicile parental. Il avait trouvé refuge ailleurs dans un appartement servant de
« nourrice » à la marchandise, à la résine de cannabis. De la matière il en était le garant et le port d'une arme était devenu indispensable. À cette époque Samir n'avait pas utilisé cet objet qui pouvait donner la mort, il le portait pour se rassurer me confia-t-il. Je fis semblant de le croire car je compris que déjà il était amplement capable de faire feu.

L'appartement que le réseau avait choisi se situait non loin de celui dans lequel Samir avait grandi. Samir y avait emménagé un coin cuisine et un lit depuis lequel il pouvait contempler des films sur un écran de télévision plat dernier cri. Les chambres servaient de lieu de stockage pour la matière brunâtre et odorante provenant du Maroc via l'Espagne. Il avait encore pour mission de déceler toutes démarches étranges pouvant laisser supposer à une mise en place d'un dispositif de surveillance de la police. Certains soirs il était assis sur deux tonnes de cannabis et plus de trois cent mille euros en numéraire. Pour ce faire il fallait quelqu'un comme lui, un jeune homme à la tête pas trop mal faite et capable de raisonner. La tentation était trop forte pour un jeune déluré aux ambitions débordantes.

Samir excella dans cette tâche et obtint très vite une autre promotion. Désormais il allait participer aux Go Fast depuis l'Espagne et le détroit de Gibraltar.

Il était presque midi lorsque Samir s'étira comme pour me signaler qu'il en avait assez raconté pour cette fois. Il mit spontanément un terme à notre entretien dès que l'un de ses trois téléphones portables retentit. Il prit le temps de lire le SMS reçu et me chassa littéralement de son automobile.

Ses affaires semblaient reprendre !

Je le vis disparaître au loin …

13

Doutes

Ce n'était pourtant la première fois que je doutais du bien-fondé de cet ouvrage mais ce soir-là j'eus beaucoup de mal à trouver le sommeil. Les images de nos rencontres hantaient ma tête jusqu'à me faire culpabiliser, me faire douter de ma raison et de l'intérêt de ce que j'avais voulu mettre en place.

Mais après tant de semaines de réflexion il fallait une fois pour toutes que je cesse de ressasser mes idées noires pour enfin assumer ce que je voulais faire.

Je rendais la vie impossible à ma compagne et je ne parvenais pas à m'apaiser. En toute honnêteté certains soirs j'étais réveillé par des cauchemars affreux entraînant de réelles insomnies que je devais justifier. En vain.

Fallait-il que je mette un terme à ce qui soudain devenait une folie pure et dangereuse, pouvais-je seulement le faire à ce stade-là du projet et pouvais-je raisonnablement l'annoncer à cet homme qui fait une démarche bien plus périlleuse que la mienne ?

Évidemment que oui mais en ai-je le droit, le droit moral de me désengager ?

Comment pouvais-je parler de morale alors que je travaille avec un homme qui ne connaît pas le sens de ce mot et qui m'avait promis de me mettre une balle dans la tête si je le trahissais ?

Je ne parviens pas à comprendre ma démarche et pourtant je sais qu'il faut que la poursuive. Je ne peux donner d'explications cohérentes à cela. D'ailleurs pourquoi devrait-il en exister ?

La nuit fut longue et difficile. J'ai quitté le lit conjugal pour le canapé inconfortable du salon. Ce matin mon corps me fait souffrir, ma tête aussi.

Je devais y aller. Le rendez-vous était fixé et je savais qu'il allait m'attendre. Cette fois c'était près d'un supermarché qu'il tenait à me rencontrer. Le magasin se trouvait dans la zone commerciale des Milles près d'Aix-en-Provence. Samir avait décidé que nous arpenterions les avenues de la zone en contemplant les voitures d'occasion notamment chez BMW. Je trouvais encore une fois ce rendez-vous grotesque puisque visiblement il n'avait plus peur que nous soyons vus ensemble. J'exécutais ses instructions.

Il n'était que quatorze heures et le soleil tapait fort. Le parking de la concession regorgeait de voitures d'occasion, pas un vendeur ne s'approcha de nous.

À ses côtés je me mis à déambuler sans me préoccuper, contrairement à lui, des berlines Allemandes. Il semblait insouciant mais malgré les températures élevées il portait une chemisette pour dissimuler le creux de ses reins. Il ne leva la tête que lorsqu'une voiture de police vint ralentir devant la grille de la concession sans que ses occupants ne daignent porter attention à nous. Samir reprit sa visite au milieu des voitures de luxe en commençant son récit.

Il avait décidé de me relater une anecdote pour m'expliquer ce qu'avait été pour lui l'élément déclencheur de sa carrière ou plutôt le booster de son parcours criminel.

Après m'avoir fourni des détails sur son enfance, Samir souhaitait passer à un stade supérieur et occulter les années d'errance au sein des trafics. Il estimait que ces années-là n'avaient rien d'intéressant et que seul son parcours dans des strates plus élevées pouvaient apporter quelque chose à son récit.

Il aimait préciser que durant les premières années il avait saisi le fonctionnement des réseaux et que jamais, depuis ce temps, il n'avait cessé de vouloir prendre du galon. Animé par une hargne féroce de réussir il avait dû apprendre à modérer ses ardeurs pour ne pas passer, à l'instar de son frère aîné, pour un fou furieux. Le calme, dans ce type d'entreprises, restait indispensable alors que la colère conduisait à la mort. Alors il prit le temps de progresser sans jamais rien réclamer. De guetteur très vite il devenait « charbonneur » (vendeur) et la nuit venue il assurait la sécurité du stock et de l'argent lorsque le collecteur ne pouvait venir effectuer la collecte. Un job à plein temps en somme.

C'est dans ce poste qu'il resta le plus longtemps et qu'il apprit à modérer ses ambitions. Il apprit surtout à comprendre les méandres intrinsèques des trafics. Il prit le temps de me rappeler leur fonctionnement en accentuant sur le rôle du fournisseur et son importance.

La matière venait quasiment totalement du Maghreb en transitant par l'Espagne par grosses berlines volées circulant en Go-fast jusqu'à la cité des quartiers nord. Là il existait une hiérarchie et le chef de réseau réceptionnait la matière qu'il distribuait ensuite à ses dealers avec un impératif de résultat.

À la clef c'étaient de juteuses rémunérations pour le petit personnel. Chaque cité dénombrait au moins un point de deal dirigé par un responsable issu d'une famille locale organisant son propre approvisionnement.

Samir fit une pause.

Chargé des livraisons au volant de voitures puissantes depuis le sud de l'Espagne, il réalisa que le marché pouvait s'offrir à tout un chacun pourvu qu'il puisse effectuer les transactions. En clair pourvu qu'il ait de l'oseille, de la fraîche, de l'argent.

Il analysa le marché et comprit qu'en fait les fournisseurs ne vendaient qu'à ceux qui pouvaient payer en espèces sonnantes et trébuchantes.

Mais voilà Samir ne possédait pas la somme requise pour effectuer la première transaction et ne possédait pas non plus les connaissances pour parfaire ses intentions d'acheteur. Car il fallait être intronisé par un acheteur connu pour effectuer la première vente et Samir n'appartenait encore pas au sérail de la came Marseillaise. Il n'était alors qu'un petit dealer de quartier.

Il lui fallut faire cinq transports de type Go-Fast pour réfléchir et commencer à échafauder un plan qui tenait la route. Il prit encore le temps de regarder et surtout d'apprendre les méthodes d'approvisionnement en matière première. Sa mission de pilote l'avait conduit jusque dans le sud de l'Espagne où il prenait en charge la marchandise venant essentiellement du Maroc. Se rendre au Maghreb pour y rencontrer les fournisseurs était encore autre chose. Il lui fallait donc entrer en contact avec un membre du réseau d'approvisionnement et lui prouver sa capacité à écouler la marchandise et surtout à la payer.

À cette époque-là, Samir n'était qu'un petit maillon d'une grande chaîne et malgré ses économies il ne pouvait pas aligner trois ou quatre cent mille euros pour se fournir en résine de cannabis. De plus il n'avait pas de point de deal attribué et s'il tentait de s'en approprier un il serait immédiatement liquidé même si lui abattait son rival. Seul il ne pouvait pas tenir, il lui fallait l'appui financier et le soutien logistique. Alors il prit encore le temps et mit à profit ces cinq allers-retours entre Gibraltar et Marseille pour songer à passer au stade supérieur.

Entre-temps son frère Mohamed avait été libéré de prison et il tentait de reprendre en main le réseau de la cité avec encore plus de violence qu'auparavant. La rivalité s'était installée et Mohamed ne faisait plus peur, son séjour en prison l'avait affaibli et de sérieux rivaux étaient déterminés à lui tenir tête.

Un matin d'hiver la brigade criminelle retrouva son corps dans une voiture abandonnée sur les hauteurs de la ville. Il était criblé de balles de … Kalachnikov. Fin de l'histoire pour cet homme ayant marqué les esprits par une violence à toute épreuve et dont la fin était écrite depuis le début de sa carrière.

Samir ne fut pas trop impacté par la mort de son aîné, il dut néanmoins soutenir sa mère épuisée par cette vie de misère et venait de comprendre que la place était désormais à prendre. Mais bien évidemment elle était convoitée, très convoitée et l'obtenir n'était pas un héritage légué par un frangin décérébré, il fallait se battre voire même abattre pour se placer en maître incontesté dans la cité.

Samir avait grandi dans le business et outre l'argent qu'il lui fallait pour démarrer il avait besoin de soutiens fidèles capables de l'aider à asseoir son autorité. Cela ne pouvait évidemment pas se faire autrement que par les armes et les meurtres.

Il était enfin prêt …

Tel un DRH il se mit en quête d'une troupe et sans aller très loin de la cité il prit contact avec ceux qu'il pensait aptes à constituer une vraie équipe. Mais il n'était pas seul à envisager la reprise et ceux qui avaient abattu son frère se pressaient au portillon en intimidant les gamins chargés de maintenir le deal sous l'autorité de celui qui fut le second de Mohamed.

C'était un gars d'une autre cité, une cité du sud de la ville qui avait échoué au nord après avoir suivi ses parents pour un appartement plus grand, plus haut et surtout plus près des trafics et de leur violence. Ce jeune homme n'avait ni l'envergure de Mohamed et encore moins sa violence, il était un bon second incapable d'atteindre et donc de se maintenir au somment d'un trafic de cité. Samir se concentra d'abord sur les rivaux et apprit très vite qui avait tenu l'AK 47 meurtrière et qui avait commandité le meurtre de son frère. Étrangement il n'était pas animé par un désir de vengeance et voyait même dans la mort de son frère une opportunité formidable d'accéder très vite à la tête du réseau. Il savait qu'il allait être confronté à une guerre et qu'une guerre ne se faisait pas sans arme.

Les armes et notamment la fameuse AK 47 circulaient dans les cités et s'en procurer une n'était pas la chose la plus difficile, il suffisait d'aligner les billets.

Samir accepta de me parler de cette arme. Je le laissais parler et il fut prolixe.

Bizarrement ce fut Mohamed qui fit entrer massivement cette arme dans les cités Marseillaises. C'est lui qui avait le contact et c'est encore lui qui organisa le transfert depuis les Balkans jusqu'à la cité phocéenne.

Samir prit le temps de me raconter cette époque et les combines foireuses de son frère aîné auxquelles il avait assisté alors qu'il était encore adolescent.

Mohamed parvint à prendre attache avec un pseudo-militaire Albanais, il se disait déserteur et promenait entre Marseille, Lyon et Paris pour y écouler des armes volées dans un stock de l'armée Albanaise. L'homme était tout aussi violent que Mohamed et bien que l'approche ne fût pas aisée elle finit par se faire dans un cave de la cité, au début des années 90 après la chute du mur de Berlin. Samir n'était pas capable de me dire comment Mohamed était parvenu à entrer en contact avec cet homme, il était même étonné d'une telle rencontre et doutait de la capacité de son frère à entretenir des liaisons aussi délicates et dangereuses que celle-ci. Toujours est-il que la rencontre eut bien lieu.

Une sorte de contrat fut passée entre les deux hommes tous deux assoiffés de sang et d'argent sale. La Kalachnikov allait entrer dans Marseille par la grande porte et très vite inonder les cités pour devenir le principal outil des ouvriers de la came et cela grâce ou à cause de la famille B ...

Un outil qui allait faire couler beaucoup de sang et allait devenir l'emblème d'une ville pourtant connue pour son soleil, son pastis et sa bouillabaisse.

Profitant de la débâcle des pays de l'est et notamment de l'Albanie, le déserteur organisait le transport par la route depuis les Balkans sans que Mohamed puisse connaître avec justesse l'origine des armes. Au début il n'en livrait que quelques-unes que Mohamed revendait à qui en voulait. La demande était importante et le business juteux.

Très vite la rumeur courait en ville et conduisait les clients potentiels vers la cité où, Mohamed devenu revendeur exclusif de l'AK 47, engrangeait des sommes astronomiques et installait de manière pérenne son trafic de stupéfiants en terrorisant ses rivaux.

Marseille s'enlisait lentement dans les trafics de drogue bien que les points de deal restaient artisanaux, presque familiaux. C'est indéniablement la Kalachnikov qui fit basculer dans l'horreur le trafic et lui permit de prendre une autre tournure encore plus violente et intense. Désormais l'arme allait assurer la défense des points de deal et des appartements nourrices, elle allait évidemment accompagner ceux qui effectuaient les allers-retours depuis l'Espagne en Go-fast. Mais la Kalach allait surtout permettre d'attaquer et d'éliminer les concurrents pour s'emparer des marchés, pour installer sa suprématie. Samir me relatait cela avec un recul déstabilisant et une pointe de cynisme qu'il ne parvenait pas à dissimuler. J'avais devant moi le frère de celui étant à l'origine de l'importation massive des armes tueuses qui allaient très vite devenir la marque de fabrique de la deuxième ville de France. J'écoutais ce récit tout en me souvenant de ce que j'en aurais fait à l'époque où j'étais flic et comment j'aurais pu exploiter de tels renseignements. Mais ce n'était plus le cas et je me devais de prendre ces informations comme il me les livrait. Brutes et brutales.

Je ne pouvais pas m'empêcher de penser au nombre de morts que cette saleté avait engendrés et comment elle avait inondé les quartiers nord. Sans le maîtriser je pensais à ce jeune homme abattu sur un fauteuil à l'entrée de la cité le clos la Rose. Je me souvenais même de son prénom : Jean-Michel, il n'avait que 16 ans. J'avais bossé sur cette affaire et les images de son fauteuil de guetteur percé de plusieurs projectiles d'AK 47 venaient s'imposer à moi. Tristes souvenirs.

Samir venait d'avoir vingt ans. Sa vie dans le trafic devait impérativement prendre une autre direction et ce fut inévitablement vers la violence qu'elle allait tendre.

Son but à ce stade-là était de prendre la place laissée par son frère Mohamed mais surtout d'asseoir sur du long terme un trafic mieux organisé, mieux structuré et surtout il comprit qu'il ne devait dépendre de personne.

La conjugaison entre sa détermination et l'AK 47 s'imposait, devenait donc une évidence.

Samir n'avait pas encore tiré sur quelqu'un et bien qu'il n'eût aucune difficulté à placer le canon dans la bouche de son père il n'avait pas fait feu pour blesser, encore moins pour tuer.

Bizarrement ce n'était pas cela qui l'effrayait le plus car presser une queue de détente pour libérer le coup ne lui semblait pas insurmontable. Tuer non plus !

Il me lâchait ces arguments de manière froide, si froide qu'un frisson vint parcourir mon dos. Samir était bien un tueur et il allait me dire ce que je redoutais. Pourtant je n'avais pas envie de l'entendre.

Il alluma une cigarette et m'informa que c'était tout pour aujourd'hui. Une fois de plus il démarra le moteur de sa voiture sans rajouter un mot et disparu à grande vitesse.
Je restais planté là avec mon cahier et mes idées embrouillées. Je tentais de les mettre en place, de les ranger quelque peu pour y voir plus clair et pour me rassurer également. Il était déjà loin lorsque je retrouvai mes esprits, il était tard et il fallait que je rentre !

Un vendeur de la concession m'interpella, sans lui répondre je regagnais mon véhicule.

14

Psy

Ce qui m'intéressait c'était de savoir ce que Samir avait dans la tête et je ne parvenais pas encore à l'obtenir. Je voulais qu'il me le dise, qu'il me le détaille et, dans l'absolu, j'aurais aimé qu'il verse une larme, qu'il évoque des regrets. Mais à ce stade là son discours restait froid, détaché à l'exception de l'évocation de sa mère et de sa vie minable faite de douleurs et de travail.

Lorsqu'il parlait de son père c'était bien de la colère puis de la haine qu'il ne pouvait dissimuler. Par la suite il refusa de l'évoquer.

Je ne possédais évidemment pas les compétences d'un psychiatre mais mon métier m'avait donné les bases de la compréhension des individus notamment ceux de la rue, les voyous. Je savais les approcher, les aborder et les brosser dans le sens du poil afin d'obtenir des aveux lors d'interrogatoires mais ce que je vivais ne ressemblait pas à une audition policière, j'oscillais entre la peur, le danger et les réactions épidermiques d'un homme ingérable et capable de tuer de sang-froid. Je ne pouvais pas me cacher derrière ma brème et mon arme, je n'en avais plus depuis quelques années.

Je devais affronter Samir sans le trahir mais en écoutant ses confessions aussi terribles fussent-elles. Sans aucun jugement.

Il était resté silencieux plusieurs semaines puis c'est par un SMS qu'il refit surface, qu'il réapparut. J'avais pris pour habitude ces moments d'absence et je m'étais résigné à ne pas éventuellement terminer cet ouvrage. Faire confiance à une telle personne relève de l'utopie, à chaque instant il aurait pu être abattu, fuir le pays pour se protéger ou même être interpellé et incarcéré. Je décidais malgré tout de poursuivre nos entretiens.

Le rendez-vous était fixé à Fos-sur-Mer. L'automne s'était installé, le froid aussi. La plage du Cavaou était désertée.

Comme d'habitude j'étais en avance, je laissais ma voiture sur le parking et effectuais quelques pas en direction du rivage. Un mistral puissant venait frapper mon visage et je relevais mon col de veste. J'aime ces conditions météo.

J'eus le temps de faire une petite balade avant que je ne voie une BMW série 1 se parquer à côté de ma voiture. J'étais à quelques dizaines de mètres et je fis un signe de la main à Samir afin qu'il me rejoigne.

Je contemplais son manège, toujours semblable, bien rythmé. Avec minutie il inspecta les abords lointains puis proches avant de couper le moteur de sa voiture de location. Lentement il quitta l'habitacle en maintenant la crosse d'une arme de poing placée dans le creux de ses reins. Immuable. Il fit même le tour de ma voiture comme pour s'assurer que personne n'y était caché.

Visiblement il n'avait toujours pas confiance en moi. En fait il n'avait confiance en personne. Dans ce domaine-là, je lui ressemblais.

Très vite je compris que ce n'était pas un bon jour, je le sentis stressé. Étrangement il portait une écharpe lui dissimulant la partie basse du visage et ne quittait pas ses lunettes de soleil. Que cachait-il … ?

Sans lâcher la crosse de son arme il approcha de moi et grommela à à peine quelques centimètres de mon visage. Ce matin il ne m'embrassa pas, même pas de poignée de main. Juste quelques mots en guise de bonjour, des mots que je ne compris même pas tant ils étaient étouffés dans le coton épais de son écharpe noire. Il ne tenait pas en place, je pouvais imaginer ses yeux en perpétuel mouvement, il ne pouvait dissimuler son stress et parvint même à me le communiquer.

Viens ! me dit-il sèchement.

Je lui emboîtais le pas jusqu'à sa voiture et m'engouffrais à ses côtés. La tension était palpable et je ne compris pas pourquoi il avait accepté de me voir ce matin alors que visiblement il n'était pas en état de parler, de poursuivre le récit entamé depuis quelques semaines maintenant.

Puis sur un ton autoritaire, il me dit : « *Allez flicard pose les tes questions de merde !*»

Je pris le temps de réfléchir un peu avant de m'emparer de la parole, je ne savais plus par quoi commencer puis je le conduisis sur le chemin de sa vie, de son passé. Je repris le dialogue, enfin le monologue en évoquant les réseaux et son entrée dans le trafic. Je sentais qu'il n'avait plus envie de parler, que sa présence ici à mes côtés n'avait plus de sens pour lui alors qu'elle n'en avait jamais eu pour moi. Il serrait ses poings et faisait craquer ses doigts en les écrasant dans le creux de ses mains, parfois il tapait sur le volant sans motif apparent mais avec une énorme envie, ou besoin, qu'il semblait ne pouvoir dissimuler de me dire ce qui lui tordait l'esprit, ce qui le rendait si nerveux. Je n'osais pas.

Je préférais rester sur mon objectif en faisant fi de son état psychologique du jour. Avais-je peur d'entendre, devais-je lui demander ce qui le rendait si nerveux ?

J'évoquais donc les trafics de stups en lui posant une question simple, en reprenant le fil de nos précédents entretiens comme si je n'avais pas remarqué son état.

Samir écouta sans broncher puis il laissa éclater sa colère, une colère froide au début puis terrifiante sur la fin. Il se mit à hurler, à vociférer en me tenant pour responsable de son état et parmi le flot d'insultes qu'il hurlait je compris que sa haine ne s'adressait pas à moi mais que je n'étais qu'un exutoire à son ire et à sa violence. Je ne bronchais pas, je reçus en pleine face des menaces et des saloperies terribles si bien que je crus malgré tout qu'il pouvait subitement s'emparer de son arme et de me la flanquer une fois encore sous le nez. Après tout il faisait cela si régulièrement, pourquoi ne pas braquer un ancien flic, pourquoi ne pas lui mettre une balle dans la tête ?

Je ne savais que faire. Partir, rester … ?

Attendre, simplement attendre qu'il se soit calmé et qu'il daigne me parler, j'optais pour cette solution qui, même si elle n'était pas la meilleure, elle me semblait la moins pire.

Brusquement il quitta l'habitacle pour aller donner de grands coups de pied dans les roues de la voiture. Cela sonnait creux, résonnait à l'intérieur du véhicule à un rythme régulier sans sembler vouloir cesser puis il s'écroula. Je le vis disparaître. A mon tour je quittais mon siège et me portais vers lui. Il était assis à même le sol et maintenait sa tête entre ses mains. La grosse écharpe avait glissé et ses lunettes noires gisaient au sol, à ses côtés. Il ne prit pas la peine de les récupérer afin de dissimuler ses yeux noircis par les coups qu'il avait reçus. Son menton était râpé et sanguinolent. Lentement il leva la tête pour me regarder, son regard était triste et sombre mais je parvins à y voir une once d'humanité, un quelque chose qui pouvait ressembler à des regrets, à une honte d'être ce qu'il était. Du moins c'est ainsi que je l'interpréta.

Très vite il détourna ses yeux et reprit sa tête dans ses mains, rajusta son écharpe et centra ses lunettes.

Je n'avais encore rien dit, lui non plus mais nos silences en disaient tellement. J'aurais voulu parler, j'aurais désiré lui demander ce qu'il s'était passé mais Samir me fit comprendre que ce sujet ne devait pas être abordé. Il se releva, épousseta ses vêtements et fit quelques pas autour de sa voiture. Il boitait et maintenait son flanc droit comme pour soulager une forte douleur. De toute évidence il avait été roué de coups.

Il déambula ainsi quelques secondes laissant apparaître l'acier noir de son pistolet automatique. Je lui signifiais.

Il rajusta sa veste après avoir vérifié que son arme n'avait pas bougé puis d'un signe de tête il m'invita à rentrer dans la voiture. Il semblait calme.

- *On peut arrêter si tu veux*, lui dis je sur un ton monocorde. C'est par un basculement de tête qu'il m'indiquait vouloir poursuivre.

Je rajoutais *: Parle moi des go-fast si tu en as envie et dis-moi comment tu as fait pour installer ton propre réseau.*

Il sourit et débuta son récit comme s'il ne s'était rien passé. Il me sembla qu'il aurait souhaité évoquer autre chose, peut-être me parler de lui, de ce qu'il avait réellement sur le cœur et oublier, pour quelques minutes, son quotidien de criminel. Mais sa fierté prit le dessus et emporta, dans le fort mistral, ses probables intentions de se livrer un peu plus sur ce Samir que je voulais qu'il laisse aller, ce Samir que je souhaitais entendre bien plus que celui qu'il me livrait depuis le début de nos rencontre. Je me résignais à entendre l'histoire du voyou à défaut de celle de l'homme.

Samir avait les dents longues et à cette époque-là il avait déjà une belle notoriété dans les quartiers nord. Il était passé par tous les postes et à chacun d'entre eux il avait prouvé son intelligence et son ambition en respectant la hiérarchie déjà installée. Il était un homme de confiance et on la lui accordait sans aucune retenue. Ainsi un jour il fut directement contacté par le chef du réseau.

Cet homme avait une quarantaine d'années et jusqu'alors il n'était qu'un nom ou du moins un surnom que les membres du réseau n'osaient pas prononcer de peur qu'une interprétation soit faite et soit rapportée à cet homme si craint. Sa réputation tenait à quelques éléments rapportés dans les cités sans que les preuves de leurs vérités soient dûment apportées. C'était une légende dans le nord de Marseille et donc il était craint et respecté. Samir lui ne craignait personne et son ambition débordante ne lui laissait aucun choix et certainement pas celui de rester un sbire d'une chaîne, un gagne-petit. Il lui fallait gravir les derniers échelons et cette rencontre allait lui en donner l'opportunité.

Alors qu'il s'interrogeait sur les moyens d'asseoir son propre réseau, qu'il cherchait les contacts à nouer pour entrer dans la cour des grands c'est un caïd confirmé qui fut à l'origine d'un rendez-vous et qui allait lui permettre de prendre une avance considérable.

C'était un samedi, un début de week-end d'hiver inondé par un soleil méditerranéen capable de noircir les faces si on les lui offrait. Samir n'était pas venu pour bronzer et la villa du Littoral Marseillais ne laissait pas cette opportunité, pas cette idée non plus tant elle sentait le shit à plein nez, tant elle reniflait l'odeur de l'argent sale et du sang versé au caniveau. L'antre du mal…
Dès l'entrée il fut accueilli par un homme à la sale gueule, un homme que Samir n'avait jamais vu auparavant. C'était un garde du corps, enfin quelqu'un chargé de la sécurité, l'homme le dévisagea puis le laissa passer en lui indiquant d'un geste et sans dire un mot la direction à emprunter. La villa était belle et silencieuse malgré les quelques bourrasques de Mistral qui venaient secouer les grands arbres. À la porte il fut de nouveau accueilli par un homme à la gueule cassée, c'est lui qui le fit

pénétrer dans la maison. Là se tenait, Rachid, le chef du réseau qui l'avait contacté et face à lui un homme bedonnant d'environ cinquante-cinq ans. Samir tenait à me préciser que ce dernier était européen et portait une belle chemise grise qui moulait ses pectoraux vieillissants. Tous deux étaient installés sur des fauteuils et l'européen invita Samir à s'asseoir face à lui. Le sofa était confortable, il s'y enfonça lentement avant que Rachid prenne la parole : « *Tu vois Samir c'est ici que ça se passe et c'est ce monsieur qui va pouvoir t'aider. Nous voulons reprendre le charbon de ta cité qui a été laissé par ton frère. Celui qui le tient aujourd'hui est bidon et si on le lâche c'est terminé pour lui. Tu comprends ce que je veux dire* ? Lança Rachid.

Samir acquiesça d'un hochement de tête puis : « *Continue !*

Rachid reprit la parole : « *Ce monsieur te fournit l'argent pour faire ton premier achat et tu prends la place de ce connard dans la cité ... En fait la cité on te la laisse mais c'est toi qui dois éliminer celui qui gêne.*»

Samir avait compris le message et d'ailleurs il m'évoqua qu'il l'avait même prémédité, anticipé et c'est sans aucune hésitation qu'il l'accepta. Il venait explicitement de prendre l'engagement de tuer un homme gênant pour son business sans que cela ne le perturbe. Il ne voyait qu'un moyen de progresser très vite dans le deal, de faire carrière dans le business de la came et de la mort.

Il releva la tête et planta ses yeux dans les miens : « *Tu vois on y vient flicard !* »

Je ne répondis pas mais mon attente était si évidente qu'il reprit son récit.

De retour dans la cité il prit une heure de recul, une heure de solitude afin d'aller faire quelques pas dans les allées bordées d'arbres résistant au béton. Il n'avait pas d'autre solution que de tuer celui qui tenait la cité et qui avait été chargé par son propre frère d'assurer l'intérim avec l'aval de l'européen qu'il venait de rencontrer. Il comprit beaucoup de choses et notamment la haine que son frère entretenait à l'égard de cet homme bedonnant que pourtant Mohamed n'avait jamais cité. Que devait-il faire et comment devait-il le faire, devait-il y aller seul ou devait-il se faire aider … ?

Tant de questions qui occupaient son esprit. Il me précisa ne pas avoir de problème pour tuer un homme et que ce moment de réflexion ne lui avait servi qu'à préparer son coup mais certainement pas à en mesurer la portée. Les seules conséquences qu'il entrevoyait étaient celles d'une prise de pouvoir par la violence, par les armes. Alors il se mit à établir un plan d'attaque et se fit aider par un de ses acolytes auquel il accordait toute sa confiance. L'autre était jeune mais très ambitieux et abattre un homme ne lui faisait pas peur non plus. Une formalité ! Ils se donnèrent rendez-vous pour le lendemain soir…

Samir fit une pause puis en prenant une grande inspiration il reprit le récit. Je ne bougeais pas et j'écoutais ses paroles, je les buvais même tant elles correspondaient en tous points à ce que j'avais tant espéré. Le vent soufflait fort et le flot de paroles reprit intensément.

Le soir du jour prévu Samir fut rejoint par son complice en dehors de Marseille. La nuit venait de s'installer et ensemble ils firent le point sur le matériel contenu dans le coffre de la voiture que le jeune complice avait dérobée. Les cagoules, les gants et surtout la Kalachnikov étaient posés à même le coffre. Ils prirent la route vers la cité à faible allure pour ne pas être repérés bien qu'ils avaient fait en sorte de circuler aux heures de relève des brigades de police et notamment des BAC. Les nuiteux devaient s'équiper alors que ceux du jour étaient rentrés, ainsi plus aucun véhicule banalisé de condés n'était susceptible de patrouiller. C'est à vingt heures précises qu'ils entrèrent dans la cité pour aller se réfugier dans le fond en restant silencieux jusqu'à ce que le deal cesse son activité. À cette heure-là le chef de réseau passait pour prendre la température et pour payer ses subalternes, le petit personnel souvent mineur. Il ne manqua pas son rendez-vous et fit son entrée vers vingt et une heure au volant de son Audi noire. Samir s'était placé de manière à l'observer faire son manège auprès des jeunes puis il regagna la voiture volée lorsque la cible eut terminé son labeur. À la hâte tous deux enfilèrent une cagoule alors que Samir tenait entre ses jambes l'arme.

Le jeune complice démarra en trombe et se porta à la hauteur de l'Audi noire. Le chef de réseau n'eut pas le temps de s'emparer de son arme que Samir le mit en joue de sa Kalachnikov. Il mit pied à terre et le frappa violemment d'un coup de crosse au visage puis le saisit pour le placer à l'arrière de leur voiture. Elle quitta les lieux à vive allure.

Il faisait nuit et les quelques automobilistes n'ayant pas réintégré leurs pénates virent passer la voiture des dealers à vive allure en direction des Pennes-Mirabeau dans la banlieue ouest de Marseille. Dans les collines de la Nerthe la voiture s'arrêta et Samir descendit en maintenant son AK 47 vers sa cible. Il savait qu'il allait mourir…

À ce stade-là du récit je décidais d'y mettre un terme en prenant le risque qu'il ne veuille plus le reprendre mais à mon avis ce moment-là devait être relaté avec détails et je devais impérativement m'attarder sur celui qui me le racontait, je voulais savoir ce qu'il avait à cet instant-là dans la tête et je voulais qu'il me le décrive. Samir parut agacé, il frappa le volant de son poing et se remit à hurler : « *Tu m'emmerdes bordel ! Écoute-moi, laisse-moi parler ou je ma casse ! Tu vas entendre ce que tu veux, je vais te le dire ce que j'avais dans la tête mais arrête de me couper putain !* » Il reprit son récit.

Il fit agenouiller l'homme et lui imposa de le regarder. L'homme implora, il pleurait comme un gosse. Il hurlait même.

Alors Samir retira sa cagoule pour que celui qui allait mourir puisse voir son bourreau. À ce moment-là il n'était pas celui qui était à mes côtés il était, d'après lui, un autre qui n'existe que pour le business et pour ne pas être à la place de celui qui va crever. Une sorte de position défensive me dit-il en rajoutant « *Je voulais simplement qu'il crève parce que c'était nécessaire pour moi. Je n'avais pas de haine contre lui et pourtant lentement j'ai appuyé sur la détente.* »

« *Mais à quoi pensais-tu ?* »

« *À rien ... Si tu penses à quelque chose, tu ne le fais pas. Alors tu appuies et ça part tout seul.* »

Je fis semblant de prendre des notes. De son côté Samir avait détourné son visage pour me faire face et me regarder, il avait retiré ses lunettes noires. Je sentais son regard sombre se poser sur moi, j'aurais presque pu en sentir sa force et même son poids. Un silence assourdissant avait envahi l'habitacle de cette voiture, dehors le mistral n'avait pas cessé il faisait craquer la voiture en emportant avec lui de grosses quantités de sable fin.

« *Tu en penses quoi flicard ?* »

« *Rien Samir, je ne pense rien comme toi lorsque tu...* »

« *Après on a mis le corps dans le coffre de la voiture et on y a mis le feu. On avait laissé une autre voiture là pour prendre la fuite.*

Le silence revint. Il fallait impérativement cesser cet entretien, je n'étais pas à mon aise et fus pris d'une forte nausée.

Sans mot dire je quittais sa voiture pour regagner la mienne. Je regardais la BMW s'éloigner et je rendis mon petit déjeuner…

Je pensais en avoir tant entendu, je pensais en avoir tant vu également. Pourtant face à cette histoire mais surtout face à cet homme froid et dur je n'avais pas supporté d'écouter son récit. À cet instant je n'aurais pas pu déterminer ce qui m'avait choqué, ce qui avait provoqué ma nausée. Était-ce un simple dégoût ou l'ambiguïté de la situation pour le flic que j'avais été et qui venait de se réveiller ? Aucune réponse ne vint germer dans mon crâne, rien ne vint traverser mon esprit. Le néant tout simplement. Le néant et les doutes…

Je pris la route en méprisant le puissant mistral.

15

Relève

Samir n'était pas dupe, il savait qu'un jour il devrait céder sa place à un autre et cela de gré ou de force. Il disait que mourir ne l'effrayait pas et pour avoir lui-même donné la mort il savait que la sienne serait similaire à celle des autres dealers : violente et instantanée. Il évoquait sa mort facilement comme s'il l'attendait, il voyait autour de lui ses complices et concurrents tomber comme des mouches sous les balles des armes automatiques. Il voyait la presse s'en faire l'écho sans trop s'émouvoir du jeune âge des dernières victimes. Souvent mineures. À Marseille disait-il c'est banal, habituel comme le soleil et le Vieux-Port. On crève dans les caniveaux pour un territoire, pour un simple regard. Cette relève Samir la voyait arriver et il disait en avoir peur, la craindre. Non pas qu'elle était organisée mais parce qu'elle flinguait n'importe où et n'importe qui et pour n'importe quoi. Du bout des lèvres il évoqua cet homme abattu dans une cité, un homme n'ayant aucun lien avec les trafics mais ayant raconté au snack du coin qu'il fallait que cela cesse, qu'il en avait assez de voir les guetteurs à l'entrée de la cité. Il avait rajouté, aidé par l'alcool, qu'il allait faire le travail que la police ne voulait pas faire. Deux jours après il était tué par une rafale de Kalachnikov sous les yeux de ses enfants sans avoir participé au deal et sans avoir tenté de faire la police. Samir me confia cela sur un ton agacé puis il reprit lentement son récit. Il n'hésita pas à me dire qu'il allait lui-même abattre ces « merdeux » bien incapables de gérer leurs armes et leurs pulsions criminelles. Je n'y crû pas une seconde car j'avais compris qu'il se moquait aussi des autres, seul son business comptait. Les morts mêmes en dommages collatéraux le laissaient totalement indifférent.

La nouvelle génération de tueurs ne lui ressemblait pas, en fait il s'efforçait à me démontrer qu'il n'existait aucun point commun entre ces très jeunes gens décimant les quartiers nord pour un regard de travers et sa propre façon de se comporter. Samir tentait de me chanter la chanson trop de fois entonnée par les journalistes parisiens évoquant Marseille et ses voyous légendaires et leur pseudo-code d'honneur les empêchant de tuer femme et enfant et sans raison aucune. J'avais trop entendu ce refrain et je le balayai très vite pour recentrer Samir sur la vérité et non sur une vision édulcorée des quartiers dont il est issu. Moi je ne voyais aucune différence entre lui et ceux qui voulaient prendre sa place, ils étaient tous animés par de la haine et par l'envie de prendre une place convoitée pour se remplir toujours plus les poches. Je lui fis savoir.

Samir prit un temps pour la réflexion puis il s'empara de la parole. Sur un ton ferme, il me rappela qu'il n'avait abattu que des concurrents déloyaux sans jamais faire de dommages collatéraux.

- *J'ai tué des connards qui voulaient prendre ma place ! C'est comme ça que ça marche, je n'ai pas tué des innocents !* affirmat-il.

Je l'avais touché, il accusait le coup sans vaciller. Il avait donc un point faible et j'y avais mis le doigt dessus. Samir se sentait donc différent de la relève, de cette jeunesse encore plus désœuvrée que les gens de sa génération. Moi je le voyais identique et déterminé à tuer, néanmoins je n'osais plus le lui dire. Je patientais maintenant qu'il retrouve son calme.

Dans ce que je qualifiais de relève il fallait y voir une forme de provocation adressée à l'endroit de Samir pour le faire réagir. Il ne la craignait pas et n'eut aucune difficulté à me dire qu'au contraire ces flinguages anarchiques lui rendaient service puisqu'ils permettaient une forme de régulation tuant dans l'œuf tous les bébés dealers aux dents bien trop longues et capables de venir un jour lorgner sur ses affaires. J'étais sidéré devant autant de cynisme.

Un long frisson parcourut mon dos. Il fallait que ces entretiens cessent, j'étais las d'entendre tout cela.

16

Dilemme

Bien évidemment cela peut surprendre et agacer mais se confronter à un tueur, même dans de telles circonstances et avec un but bien défini, reste une véritable folie. Je commençais à le mesurer et mon état d'esprit parvenait à se troubler de plus en plus jusqu'à m'emporter pour des broutilles et mener une vie infernale à ma compagne. Ce qu'il est important de comprendre c'est bien ma situation à ce moment-là. Ma situation personnelle bien sûr puisque de professionnelle je n'en avais plus, excepté celle d'auteur. Jusqu'alors je m'étais contenté d'écrire des témoignages et quelques polars, jamais je n'avais eu l'intention de retranscrire dans un texte les confidences d'un tueur alors que ces derniers appartenaient à la catégorie que j'avais pourchassée durant toutes ces années au sein de la police nationale. Il était évident qu'entrer dans la peau d'un journaliste d'investigations ne s'avérait pas facile même si j'étais parvenu aisément à entrer en contact avec Samir alors que bon nombre de reporters et autres romanciers avaient échoué dans leurs démarches et leurs requêtes.

Dès le début de l'écriture, je me suis heurté à ma propre analyse et je craignais d'être qualifié de mythomane ayant inventé le récit et bien entendu les rencontres avec Samir. C'est bien pour ces raisons que ce texte est resté dans ma tête plusieurs mois, je l'ai laissé évolué au même rythme que mon état d'esprit en oscillant par des périodes d'euphorie durant lesquelles je trouvais cette écriture tout à fait normale et légitime et d'autres, plus sombres, où je laissais mes souvenirs au placard en craignant les foudres de la presse et les refus catégoriques et unanimes des maisons d'édition de publier un tel texte. Ainsi mes souvenirs ont macéré dans un coin de mon crâne durant plus d'une année avant de décider de mettre sur le papier ce que j'avais entendu et vécu auprès de cet homme violent et étrange.

C'était donc bien à un dilemme que j'étais confronté et bien plus que cela puisqu'il n'était pas difficile de constater que je sombrais lentement vers le côté glauque où se rangent les voyous. Je ne devenais pas des leurs, ma position était étrange et bien inconfortable et ce qu'il se déroulait dans ma tête relevait de la psychologie voire de la psychiatrie. Oscillant donc entre le dilemme et la schizophrénie, entre la peur et l'inconscience puis entre la sagesse et la folie je ne parvenais plus à me positionner et même à comprendre ma démarche que je trouvais essentielle puis dérisoire et inutile. Ne m'étais-je pas fourvoyé dans une démarche ne pouvant aboutir, n'avais-je pas vendu ou pire encore offert mon âme de flic au diable du monde des criminels, tant de questions auxquelles je ne parvenais pas de répondre. J'hésitais à poursuivre.

Pourtant je savais qu'il ne fallait pas grand-chose pour trouver la motivation nécessaire à la poursuite de ce que j'avais entamé. Il aurait suffi que je puisse en parler mais à qui ?

Je voulais aller fouiller dans le crâne de Samir mais c'était bien dans le mien qu'il y avait un tsunami incessant, une véritable tempête qui risquait de me faire perdre pied, qui pouvait même me faire tout perdre dont ma compagne. C'était bien à elle que je voulais en parler alors qu'évidemment ce n'était surtout pas à elle qu'il fallait que je le fasse. Pour ne pas l'effrayer et pour ne pas titiller en elle ce qu'il y avait de policier, d'envie d'arrêter les voyous, je ne pouvais donc pas le faire.

Ce matin-là j'avais envie d'arrêter. En ce début de journée, c'était bien de la peur qui nouait mon ventre. Je me mis à penser à mes enfants, à mes deux filles. Je me mis à songer à feu mon papa et à son jugement s'il avait eu connaissance de ce que j'avais entrepris.

Je fixe mon image dans le miroir de la salle de bain sans réellement me voir, sans totalement contempler mes rides et mes cernes. Je ne raisonne plus.
Je m'interroge encore et toujours…

17

Encore

Je suis là, je suis las.

J'ai pourtant décidé de continuer. Je patiente, en ce début de matinée, sur une aire d'autoroute en direction de la banlieue Est de Marseille. J'assiste passivement au lever du soleil sur le cap canaille et la baie de Cassis. C'est beau.

Étrangement Samir a fixé un rendez-vous matinal et j'ai dû quitter la maison avant ma compagne en prétextant un rendez-vous avec un réalisateur intéressé par mes ouvrages sur Marseille. J'ai rajouté que ce dernier était en tournage du côté de La Ciotat et n'avait que le début de journée à m'accorder. Je vis dans le mensonge et je n'aime vraiment pas cela. Je pense qu'elle n'est pas dupe et se doute de quelque chose, j'ignore ce qu'elle pense, ce qu'elle croit. Elle est intelligente.

C'est vers sept heures quinze que j'ai aperçu la Clio de location pointer son nez. Elle était noire et semblait neuve. Samir entra dans le parking au pas, instinctivement il avait coupé ses lumières et je parvenais à déceler sa silhouette fine.

Il portait une capuche et observait les abords avant de placer sa voiture à côté de la mienne. Sans en descendre, il me fit un signe afin que je le rejoigne. Je pris place à ses côtés. Sempiternel cérémonial.

Salut condé, ça va ? me dit-il en souriant.

Un hochement de tête allait suffire, je n'avais pas envie de parler. Sans réellement savoir pourquoi je lui en voulais, je le tenais pour responsable de cette période que je vivais alors que c'était moi et uniquement moi qui étais à l'origine de tout cela, de ce déballage de saloperies et de confessions abominables. J'étais presque haineux comme il avait pu l'être avec moi lors de rendez-vous précédents. Une fois encore je m'interrogeais pour adopter une attitude, pour savoir comment je devais me comporter alors que je savais pertinemment qu'il n'existait pas d'autres comportements que de rester serein et surtout pas lui montrer mon ras-le-bol. La situation était grotesque, j'en avais bien conscience. Néanmoins il fallait poursuivre et surtout terminer ce que j'avais tant tenu à commencer. Il fallait aller au bout même si je savais maintenant que ce travail allait m'impacter sérieusement jusqu'à me laisser un goût amer dont il serait difficile de se débarrasser.

Laconiquement je lui dis de parler, de commencer à me raconter.

Il comprit mon agacement, ce dernier était visible, apparent mais étonnamment il reprit le cours de son récit. Ce qu'il me relata allait encore plus me faire plonger dans les abysses de l'horreur et allait alourdir considérablement le fardeau que je portais depuis le premier jour où nous nous étions rencontrés.

Au loin le soleil pointait son nez et venait jeter ses rayons encore froids jusque sur le capot de sa voiture. Le froid semblait être entré dans l'habitacle, une froidure importante et imposante prit place sur les sièges arrière et se mit à m'observer fixement durant le monologue de Samir.

C'était une nuit d'automne. Une nuitée silencieuse venant couvrir le vacarme assourdissant des quartiers nord. Sans préparation Samir s'empara d'une kalachnikov, avec calme il la manipula afin de vérifier qu'elle était approvisionnée. Lentement il quitta l'habitacle de la voiture l'ayant déposé là et se dirigea sans hésiter vers un bâtiment. La cité était sale, comme les autres, elle était dangereuse aussi et Samir s'apprêtait à confirmer cette réputation.

Un petit groupe « tenait le mur » et fut surpris lorsque le tueur déboula. Aucun des trois jeunes ne put prendre la fuite tant l'arrivée de Samir était rapide. Une rafale vint faucher le premier jeune homme, il chuta immédiatement et laissa son sang se répandre autour de son crâne en partie éclaté. Le deuxième fut également fauché par une seconde rafale alors que le troisième appliqua son dos contre le mur, entre les impacts, et releva ses bras comme s'il allait être fusillé. Une troisième rafale, plus brève, vint sonner le glas de cette vie adolescente. Le mur était souillé de projections sanglantes et les mares rougeâtres venaient se mêler pour former une mer de sang coulant au ruisseau. Samir prit la fuite vers la voiture restée à proximité, elle prit la direction des Pennes-Mirabeau, vers un ailleurs moins sale, moins pauvre et surtout bien moins violent.

Ce fut certainement lié à mon état d'esprit de ce moment-là qui me donna le courage de lui poser la question. Sans sourciller mais avec beaucoup d'inconscience, je lui demandai pourquoi il avait fait cela, pourquoi il était entré dans ces trafics et comment pouvait-il abattre aussi sauvagement de jeunes hommes sans presque aucune raison, seulement pour asseoir son autorité. Étrangement je ne fis pas face à un homme agité, il passa sa main sur son visage et planta ses yeux noirs dans les miens.

- *J'ai fait ça parce qu'il fallait le faire sinon c'était eux qui l'auraient fait.*
- *En es-tu sur Samir ?*

131

- Qu'est-ce que tu connais aux trafics toi ? Tu penses que parce que tu as été flic ici cela te permet de tout savoir ? Tu ne sais rien flicard de ce mon monde, rien !

- Depuis que l'on se voit j'en ai appris pas mal pourtant mais je ne parviens pas à comprendre comment on peut tuer aussi froidement. Dis-moi s'il te plaît, répond à cette question elle est très importante pour moi.

- Tu es con ou quoi ? C'est le business, c'est ainsi ! C'étaient des rivaux, des concurrents. Tu crois que j'allais me laisser prendre les marchés ?

- Des enfants Samir, ce n'étaient que des enfants !

- Ça, c'est ce que tu crois. Des enfants dans ces cités il n'y en a plus. Ce sont tous des crevards voulant entrer dans le business et te voler le tien. Ces trois connards étaient des employés d'un point de deal d'une cité et ils voulaient me baiser mon chantier. Il fallait donc qu'ils crèvent ! Tu le comprends ça ?

Je hochai la tête en guise de je ne sais quoi. Il sourit bêtement.

Je mesurais, à cet instant, que ma démarche était réellement stupide et que j'avais pris de très gros risques en me fourvoyant dans cette aventure. J'avais connaissance à présent d'horreurs commises par un homme avec lequel j'avais passé beaucoup de temps et auquel, je dois l'avouer, je commençais à m'attacher amicalement. Ce que je ressentais était étrange, je ne l'avais jamais connu auparavant. Je l'avais un peu mesuré avant même de commencer mais là je le vivais et je tentais de le comprendre pour le maîtriser. Cela devenait de plus en plus difficile. Une forme d'attachement à un homme dont je détestais l'attitude résultant de nos entretiens, de notre promiscuité. J'ai encore du mal à définir ce sentiment tant il est complexe et ne correspond absolument pas à ce que je suis et à ce que j'ai toujours voulu être. Il est fait de sympathie et de rejet, de sourires et de grimaces. D'attirance et de rejet.

Durant ma carrière au sein de la police nationale j'avais combattu ces gens-là et j'avais appris à les détester.

Je pensais les connaître, j'étais persuadé qu'aucun d'entre eux n'était capable de raisonner et que tous agissaient telles des bêtes sauvages pour défendre un territoire. Ce que j'avais ce matin-là à mes côtés était un homme, un simple homme de chair et d'os atteint lui-même par son propre récit. Je le voyais, je le constatais alors que le soleil vint poser un rayon sur son sourire. Je perçus une once d'humanité et un rien de regret. Bizarrement et exceptionnellement je me sentais supérieur à lui, un peu comme si l'évocation de ce qu'il était l'avait derechef placé au plus bas de l'échelle sociale, de mon échelle sociale. Dans son monde rien ne ressemblait au mien et le classement, si tant est qu'il y en est un, n'était que celui inéluctable d'une sorte de hiérarchie sociale inhérente à des revenus pouvant permettre de vivre dans tel ou tel quartier et s'offrir la dernière berline à la mode. Chez lui rien n'était identique. Rien excepté la hiérarchie liée au fric, au pognon donnant le pouvoir, la puissance de décider des orientations de sa vie. Chez Samir cet argent lui allouait la suprématie et les moyens de liquider des rivaux reluquant ses marchés. Il pouvait payer pour faire le sale boulot et cela il l'avait bien compris.

Une fois encore je voulais aller plus loin, se limiter à un récit abject de tueries gratuites ne me suffisait pas. J'en voulais toujours plus. Je voulais savoir ce qu'il avait dans la tête, cette tête de tueur offrant pourtant un visage serein, presque une face d'ange. À ma question il n'apporta pas de réponse immédiate, il songea silencieusement en détournant son regard du mien. Ses lèvres se tordirent et j'aperçus ses dents jaunes mordiller ses lèvres. Samir prit appui sur le dossier de son siège et étira ses jambes, il caressa encore son visage.

- *Ce que je ne comprends pas chez toi c'est ce que tu veux savoir, me dit-il.*

- Je veux comprendre Samir, comprendre comment tu en es arrivé là, comment tu es devenu un tueur !
- Je ne suis pas un tueur, tu te trompes. Tu réfléchis en flic c'est tout sans chercher à comprendre ce qu'il se passe dans les quartiers. On est livré à nous mêmes et on doit se battre pour s'en sortir.
- Mais d'autres que toi parviennent à éviter le chemin de la criminalité, alors pourquoi pas toi ? Le questionnais-je.
- Tu me fais rire Marc... tu as quitté les cités bien avant moi et avant qu'elles deviennent ce qu'elles sont aujourd'hui. Tu es un flic et tu le resteras toute ta vie avec tes pensées étroites.
Qu'est-ce que j'aurais du faire ? Me demanda t-il ?
- Je ne sais pas mais pas ça ...
- Travailler comme un con pour gagner un SMIC ? C'est ça que tu aurais voulu que je fasse ? Quand on vit là on n'a pas le choix Marc, mets toi ça dans la tête !

Ces quartiers je les connaissais pourtant. J'y avais grandi puis les avais quittés pour partir à l'armée. Je n'avais alors que dix-huit ans et quelques mois. À mon retour, comme flic, je n'ai pas reconnu le quartier dans lequel j'avais grandi. Il était transformé et dévoré par la violence et la drogue. Les dealers s'y étaient installés et avaient gangrené toutes les formes de marché légal. Le centre commercial avait disparu tout comme les autres commerces de proximité situés dans le centre de la cité. Rien n'avait subsisté, rien d'autre que la haine, la violence et le shit. Pourtant Samir pensait mes les raconter, il pensait être en mesure de me dire comment les cités des quartiers nord avaient évolué. La transformation je l'avais vue, je l'avais même anticipée puisque durant ma carrière je n'étais qu'un spectateur passif d'une inexorable montée en puissance de ces phénomènes comme d'une monstrueuse paupérisation entraînant avec elle dans sa dégringolade tout un pan de la société Marseillaise, la plus pauvre bien évidemment. Ce qui nous différenciait Samir et moi était bien le prisme à travers lequel nous regardions les cités et la vie que l'on pouvait y mener. Pour cet homme, ayant grandi là au milieu d'une cellule familiale éclatée et violente il semblait inévitable d'embrasser la carrière de dealer alors que pour moi, ayant pu fuir prématurément la cité, je ne pouvais le concevoir. Pourtant Samir ne mettait pas en avant sa situation familiale comme un bouclier derrière lequel il aurait pu se cacher, derrière lequel il aurait pu éviter les foudres de la société. Il ne cherchait en fait aucune excuse à ce qu'il était devenu. Le problème c'est qu'il avait du mal à dissocier le dealer du tueur alors que moi je me focalisais sur celui qui avait pris les armes en délaissant le dealer sans toutefois lui trouver des excuses. Simplement je hiérarchisais les faits et ce que je trouvais réellement fascinant restait de tuer un homme…

Je sombrais vers je ne sais quoi mais certainement pas vers quelque chose de bien. Ce que j'entendais jour après jour chassait ce que je connaissais de moi pour ne laisser que ce que j'ignorais, ce que je ne pensais jamais connaître. Il me fascinait tout simplement.

Il était déjà onze heures et Samir m'invita à quitter l'habitacle de sa voiture.

18

Toujours plus

J'en voulais toujours plus.

J'en voulais encore et encore, j'en voulais encore plus. Étrangement j'étais débarrassé des mes craintes et de ce que je dissimulais en voulant ignorer qu'il s'agissait bien d'une peur, d'une peur me nouant les tripes et m'empêchant de raisonner convenablement. J'en étais bien détaché.

Aussi il devenait plus facile de poursuivre ces rencontres et je savais à présent que je serai à même de poser les questions qui me taraudaient et que je n'osais pas proposer à Samir. Comme par magie ma démarche et mon souhait d'écrire ce livre prenaient une autre tournure, je trouvais cela puissant et nécessaire. Allez savoir pourquoi je me sentais même investi d'une mission, celle de porter la parole d'un voyou afin d'informer le public. Devais-je espérer changer les mentalités et imposer, sur Samir et les gens de son monde, un autre regard que celui porté par une multitude de citoyens abreuvés d'informations et de bandeaux défilant tous plus effrayants les uns que les autres, devais-je me sentir un autre que celui que j'avais été ?

Les réponses étaient évidentes mais je préférais les occulter pour avancer et poursuivre. J'avais trouvé le courage qui me faisait défaut.

Ce matin-là Samir était rieur. Après les formalités de contact qui n'avaient pas été modifiées, il me retrouva sur le parking du supermarché Carrefour de Vitrolles. Ce rendez-vous était surprenant puisque nous étions au milieu d'une foule et bien évidemment sous les yeux indiscrets des dizaines de caméras de surveillance. Mais Samir était ainsi. Surprenant et ingérable.

Néanmoins il riait en venant dans ma direction et frappa à la vitre de ma portière en grimaçant. Il portait un bonnet de laine et de grosses lunettes noires dissimulant ses yeux. Malgré tout je les devinais hilares.

- *Viens flicard on fait quelques pas*, me dit-il.

Il était dix heures et le parking semblait comble, sans hésitation il se mit à déambuler entre les automobiles en restant vigilant. J'emboîtais ses pas.

- *Ça a l'air d'aller toi non ?* Lui dis-je.

- *Ça va*, répondit-il en conservant son sourire.

Je ne prolongeais pas les politesses et entrais de suite dans les échanges et les questions, elles n'étaient pas édulcorées. J'en avais assez d'attendre, je voulais des réponses vraies et de vraies révélations.

Samir ne prit pas de pause non plus, il apporta immédiatement une réponse à ma question sur son ressenti alors qu'il tenait un homme en joue. Sans sourciller il me lança : *Je ne pense à rien, je tue ! Si tu penses tu ne tues plus...*

J'étais en partie satisfait, en partie seulement car je voulais aller encore plus loin. Je l'interrogeai sur ses motivations et sur son mécanisme intellectuel lors des actes préparatoires. Je voulais qu'il me dise comment il se préparait, comment il mettait en place sa stratégie et surtout, car j'étais enfin prêt, je voulais qu'il me dise pourquoi il avait accepté aussi facilement de me raconter tout cela. Il n'avait rien à gagner à faire cela, bien au contraire. Même si je ne dévoilerai rien des détails comme les dates et les lieux, même si je dirai rien de ce qui permettrait de procéder à son identification et ce même si je devais en répondre devant les autorités policières et judiciaires, pourquoi avait-il accepté.

Je laissais à Samir, quelques secondes de répit puis je balançai ma question. Il répondit du tac o tac sans me regarder.

- *Tu y vas avec ceux auxquels tu as confiance et avant cela tu repères les allées et venues de celui que tu vas fumer. Mais tu les connais déjà les bâtards que tu vises. Ils sont là, toujours là à traîner dans le quartier. Un soir tu les charges en bagnole et tu les finis dans la campagne. Voilà c'est tout simple,* rajouta-t-il en souriant.

J'insistais sur ses motivations. Je voulais encore l'amener sur le terrain de l'humain. Je lui demandais alors s'il avait conscience de tuer de jeunes gens, s'il mesurait la portée de ses actes. Une fois encore il se mit à rire. Il ne fut pas déstabilisé et lança :

- *Évidemment que je sais, tu me prends pour qui ? Mais c'est de bâtards que j'ai fumés, c'est pas des grands-mères ! Ils sont comme moi, ils ont choisi leur vie.*

- *Et toi tu choisis leur mort !*

Je pensais, naïvement, que ma dernière réplique allait le faire réagir mais il ne broncha pas. Au contraire il acquiesça.

- *Ouai*, dit-il sèchement.

Il entra dans le commerce et approcha son visage du mien pour me faire une bise. Il en avait terminé, il fallait que je parte, que je le laisse.

Il allait faire des courses…

19

Pourquoi

À ce stade de nos entretiens il me fallait aborder les motivations de Samir à être aussi disponible pour moi et à accepter de témoigner comme il le faisait. Je savais que cette question allait l'agacer car jamais il ne se serait justifié, il n'aurait évidemment pas accepté de s'abaisser à se répandre en arguments et autres circonvolutions explicatives sur le pourquoi et le comment de sa présence et de son récit.

Samir était fier et il ne fallait pas le pousser, le contraindre à faire ce dont il n'avait pas envie. Je ne l'ignorais pas. Néanmoins et parce que cela me semblait impératif pour mon texte, je voulais savoir ou tout au moins obtenir quelques bribes sur ce qui l'avait motivé à venir me rencontrer et à

« balancer » tout ce qu'il savait. Lorsque nous nous étions rencontrés, grâce à Farid, il m'avait confié qu'il devait le faire parce que je le lui avais demandé et parce que j'avais, à ses yeux, sauvé son petit frère de l'emprise des dealers. Au fil du temps et des rencontres je réalisais que ce motif n'était pas suffisant par rapport à ce que ses confidences pouvaient entraîner. De mon côté j'avais fait quelques recherches sur lui je savais donc qui j'allais rencontrer. Avait-il pu lui aussi faire quelques recherches pour savoir qui j'étais aujourd'hui après avoir été ce qu'il haïssait le plus : un flic ? Je ne le pensais pas.

J'avais tout envisagé même une sorte de remords insoutenable le poussant à se confier à moi pour que j'aille par la suite tout raconter aux flics de la Brigade Criminelle afin qu'il vienne un mardi matin dès six heures lui faire exploser sa porte pour l'interpeller. Ainsi il aurait été sauvé de ceux qui rêvaient de le buter, sauvé de la cité et de sa violence. Une fois de plus je ne pensais pas que cela était suffisant et des remords Samir n'en avaient pas. Il n'en connaissait même pas le sens.

Exceptionnellement c'était un après-midi que Samir me convoqua au moyen d'un SMS concis. C'en était reparti pour une promenade bucolique dans l'arrière-pays Marseillais. Il décida du lieu et m'ordonna de m'y rendre. C'était au-dessus d'Aix-en-Provence, juste avant le village d'Eguilles sur un chemin de terre ne conduisant nulle part. Samir était déjà là lorsque je fis mon arrivée. C'était visiblement un jour sans, un jour sans rires, sans joie et donc difficile pour lui. Il risquait de l'être donc pour moi. Je pris place à ses côtés. Il me fixa longuement et, alors que je m'installais, il me dit :
- *Tu es à la place du mort !*
Pas un sourire ne venait orner son visage, il était froid et son regard lugubre vint faire baisser le mien. De toute évidence ce n'était pas le bon jour pour aborder ses motivations.
- *Allez vas-y bouge et pose tes questions à la con !*
- *Je ne pense pas que ce tu aies envie d'y répondre.*
- *C'est quoi qui te faire dire ça ?*
Je dodelinais et fis une moue pour lui répondre.

Samir détourna son regard du mien et fixa l'horizon. Il tapota le volant et débuta un long monologue correspondant à ce que je voulais entendre. Il fut très loquace.

Il n'avait pas envie de passer pour une victime, une victime de la société et de la cité. Tout ce qu'il était comme tout ce qu'il avait fait il l'assumait sans aucune difficulté et pourtant je sentais, durant son récit, que je pouvais le conduire non pas sur les chemins de la repentance mais au moins sur une prise de conscience de l'aberration et l'horreur de ses actes. Il avait conservé la parole et je l'écoutais religieusement sans l'interrompre. Je ne voulais absolument pas qu'il décide d'arrêter ce que lui-même venait de décider à savoir me dire pourquoi il avait réellement accepté d'être là. J'avais hâte de l'entendre mais je doutais de la véracité totale de ses propos. J'avais appris à le connaître depuis quelques mois maintenant et ce qui m'avait sauté au visage était bien son instabilité comme son côté imprévisible. En revanche, pour m'être très souvent interrogé sur sa tendance à mentir, je n'avais pas constaté une tendance mythomaniaque et j'avais vérifié, auprès de mon ami Michel, les allégations de Samir. Tout avait été corroboré, confirmé par ce flic fraîchement retraité, et ce jusqu'au moindre détail. D'ailleurs, alors que je me rapprochais de lui en lui donnant les déclarations à vérifier, Michel avait encore tenté de me dissuader de poursuivre, en vain.
Samir allait-il donc me mentir ? Je restais sur la défensive et j'écoutais sans mot dire.

Il expliquait son cursus et sa progression au sein des trafics comme quelque chose d'inéluctable. Pour lui vivre dans les cités des quartiers nord de Marseille ne laissait que très peu de choix aux jeunes gens. Pour les filles c'était encore pire puisqu'elles devaient éviter leur dépucelage par deux ou trois racailles dans une cave, les garçons eux n'avaient pas d'autre alternative que d'entrer dans le trafic de shit. Pour lui c'était ainsi et il ne voyait rien d'autre comme propositions, comme avenirs. Je ne disais encore rien et fis semblant de prendre des notes.

Il dépeignait les cités et notamment la sienne, comme un véritable enfer sans mesurer combien il entretenait ce climat par son business et la violence qu'il cautionnait et même qu'il utilisait. Puis, lentement il vint à ce que je désirais plus que tout, ce que je souhaitais entendre. Sa décision de venir me parler était le résultat d'une sorte d'introspection qu'il aurait faite dernièrement. Elle fut confirmée par les recherches de Farid conformément à ma demande. Il n'avait nullement envie de raconter pour se soulager de quoi que ce soit, pour alléger sa conscience. Pour cela il y avait la police et la justice, moi je n'étais rien même pas journaliste et l'écriture de ce livre pouvait me conduire autant que lui au ban de la société bien trop encline à condamner sans comprendre. Je voyais qu'il cherchait ses mots pour confectionner de belles phrases dont la qualité était dérisoire puisque jusqu'à ce jour il ne s'était exprimé que dans un langage de cité fait d'injures, de gestes et de mots ne figurant dans aucun dictionnaire. Néanmoins, il souhaitait parler bien pour exprimer ce qu'il avait tant de mal à me dire. Je sentais aussi qu'il souffrait, qu'il était arrivé au bout de quelque chose. Mais de quoi ? Cela je ne parvenais pas à le comprendre tant il était subitement fuyant, presque timide.

Je ne le questionnais toujours pas, je le laissais venir en prenant le risque que mon silence l'en empêche. Je ne savais donc pas comment me positionner. Il allait y venir, je le sentais.

- *Si je te dis que je ne supporte plus ... me dit-il.*
- *Tu ne supportes plus quoi ?*
- *J'ai tué cinq hommes mais je ne peux plus vivre avec les images qui me hantent. Je me revois mettre le canon de mon arme dans la bouche de mon père. Je revois ma mère...*
- *Et... ?*

144

- Je ne sais pas Marc mais étrangement c'est ce que je ne supporte plus.
- Ce ne sont pas les hommes que tu as fumés qui te hantent ?
- Non, d'eux je m'en branle !
- Pourquoi moi Samir, pourquoi tu as accepté de dire tout ça à moi ?
- Va savoir... Farid est venu me voir à un moment où j'avais envie et besoin de parler. Et puis c'est toi Marc, pas n'importe qui !

Je le regardai, je le fixai même pour tenter de le déstabiliser et aller au plus profond de son crâne. Je voulais en savoir plus, je voulais la vérité et pas des arguments bidonnés pour entrer dans l'entonnoir de ce qu'il croyait me donner. L'homme que j'avais devant moi était différent de celui que j'avais côtoyé précédemment, il avait évolué, changé tout comme moi d'ailleurs. Moi je n'étais plus le même depuis le premier jour et depuis qu'il m'avait donné ce fardeau que j'avais du mal à porter, ces mots précis et froids sur les exécutions qu'il avait commanditées et même auxquelles il avait pris part en appuyant sur la détente pour donner la mort. J'avais cela en moi, je le conservais sans pouvoir encore m'en débarrasser, sans encore l'écrire. C'était compliqué de le cacher à celle qui vivait avec moi et même à mes amis, mes filles et ma vieille mère. J'avais moi-même provoqué cela, j'avais tout fait pour que cela ait lieu. Je le vivais à présent très mal. Aujourd'hui encore je suis mal.
Quant à lui c'était, me semblait-il, un peu la même chose. Regrettait-il d'être là et de m'avoir fait ces confidences, comment allait-il vivre maintenant ?
Je ne souhaitais encore pas répondre à cela et d'ailleurs je m'en moquais, je ne pensais qu'à moi et à mon intégrité psychologique et physique.

Samir souffla puis reprit le flot de son propos. Il regardait loin devant lui et se laissa aller à d'autres révélations, d'autres thèmes qu'il n'avait jusqu'alors pas abordés.

- *Je vais mourir* ! me dit-il dans une voix étouffée comme s'il n'avait pas voulu le dire. Je décidais de ne pas l'interrompre.

Je n'avais pas détourné mon regard en pensant stupidement que c'était lui qui était à l'origine des aveux de mon interlocuteur. Samir était persuadé d'être sur une liste d'hommes à abattre et que ses jours étaient comptés. Il en était persuadé.

- *C'est une question de jours ou de semaines*, rajouta-t-il à voix basse.

Un hochement de tête vint confirmer mon attention, je ne dis pas un mot. Il reprit lentement en me racontant qu'il savait ce qui l'attendait, qu'il connaissait son destin et qu'à travers le livre que j'allais écrire je pouvais raconter son quotidien et les difficultés d'être un dealer mais plus encore d'être un enfant de cité, un enfant paumé, délaissé par un père alcoolique et une mère lymphatique et passive. Il évoqua encore son père et son addiction à l'alcool comme pour se trouver des excuses pourtant des excuses il n'en voulait pas. Samir c'était cela, un serpent insaisissable, incompréhensible et oscillant entre le bien et mal sans cesse sans pouvoir se poser et réfléchir. Pour lui il était pris dans un engrenage de violence et considérait son entrée dans le deal comme une évidence, comme ce qu'il nommait son destin !

- *Alors voilà Marc avant que je crève je veux que tu racontes cela, que tu dises à tous ces gens qui ne savent rien de nous ce que l'on vit et comment on vit dans ces quartiers. Le deal c'est le seul espoir que l'on a pour s'en sortir !*

- *Un peu facile non Samir ?* Osais-je lui lancer.

- *Facile ? Tu ne sais pas de quoi tu parles Marc. Je suis redevable de plusieurs centaines de milliers d'euros à mon fournisseur et si je ne les rembourse pas... Il me fait fumer !*

Il était mûr, du moins il me semblait que le bon moment était arrivé. Je le tenais dans mes mains et je pouvais lui faire dire ce que je souhaitais, ce que j'avais tant espéré. À cet instant je ressentais une certaine puissance m'apportant une force considérable. Ce dealer et tueur était à ma merci, un petit rien pouvait le faire redevenir un homme, un jeune homme. Il n'avait pas eu d'enfance et j'eus l'impression qu'à ce moment-là il aurait aimé être un minot, un enfant blotti dans les bras de sa mère.

- *Qu'attends tu de moi Samir ?*
- *Je ne sais pas… Ce texte doit dire les choses, dire ce que l'on est nous les dealers. Il faut que tu expliques aux gens qui nous jugent sans nous connaître que rien n'est facile dans nos quartiers.*
- *Samir les gens s'en moquent de ça ! Ce qu'ils aiment c'est le sang et les larmes, ils sont comme cela. De ta situation j'ai bien peur qu'ils n'en aient rien à faire.*
- *Alors ça ne sert à rien de faire ça…*
- *Bien sûr que oui Samir ça sert à quelque chose. Ça sert à te soulager toi et ta conscience.*
- *Ma conscience ?* Il se mit à rire bruyamment. *Je n'en ai pas Marc de conscience.*
- *Moi je crois que oui tu en as une sinon tu ne serais pas là…*

Samir m'invita à quitter sa voiture. Sans dire un mot je m'exécutais. Je le regardais partir lentement.

J'avais froid, froid en moi…

20

Oseille

Nous avions évoqué l'ensemble de sa vie et son cursus au sein des trafics de stupéfiants, il n'avait eu de cesse de me rabâcher qu'il n'était qu'un simple soldat du shit égaré au milieu de dealers bien plus structurés et organisés que lui. Samir était ainsi, il souhaitait minimiser son action pour se faire passer, même à mes yeux, presque pour une victime d'un système mis en place par la politique de la ville inexistante dans ces quartiers et par un côté inéluctable, d'attirance tel un vulgaire filament de métal face un puissant aimant, vers le trafic et la violence. Je n'y croyais pas mais j'avais préféré garder par-devers moi ma version du problème au risque de froisser cet homme capable de dégainer trop vite son flingue et me le flanquer sous le nez. Ma vision était celle d'un homme de presque soixante ans et bien qu'ayant grandi dans les cités du nord de Marseille je ne pouvais me résigner à penser qu'il y existait quelque chose d'inévitable. Certes je n'occultais pas l'aspect familial dans lequel Samir avait grandi, le manque de soutien et même d'amour mais devais-je accepter cette théorie du : *je deviens dealer parce que je vis là* sans sourciller et me limiter à raisonner ainsi pour trouver une fuite, un moyen facile de raisonner dans une globalité ? J'étais persuadé du contraire et que bien que Samir n'avait pas bénéficié d'attention de ses parents il aurait pu échapper, tout comme son cadet, à cette merde dans laquelle il évolue et qu'il a lui-même largement contribué à entretenir.

Lors d'un rendez-vous Samir avait voulu parler d'argent sans que j'évoque ce sujet. Je l'avais alors questionné sur son oseille et sur sa façon de le dépenser, il fut excessivement prolixe et s'allongea facilement en me détaillant ses propres réseaux de blanchiment et ses méthodes. Il pouvait compter sur le soutien tarifé bien évidemment d'avocats capables de placer une partie de l'argent en banque par des stratagèmes complexes et par des passages de flux via plusieurs pays, des paradis fiscaux. Il avait ri en parlant de cela en se moquant du pauvre contribuable français contraint de payer ses impôts rubis sur l'ongle alors que lui… Mais Samir m'avoua effectuer pas mal de transactions via la Western Union vers le Maghreb pour aider la famille de sa maman puis il me précisa investir en France et notamment en achetant des blanchisseries, des boutiques équipées de machines à laver à monnayeurs sans personnel et aux charges réduites. Il m'avoua « se gaver » avec ce business, il semblait en être fier. Sa mère bénéficiait de ses largesses pour remplir le frigo et payer le loyer. Samir fit une pause et il renchérit en affirmant avoir sauvé son petit frère de l'enfer des cités grâce à cet argent sale et lui avoir offert des études. Je crois que c'était bien cela qui le rendait le plus fier !

Pour Samir l'argent était essentiel et la gestion de son pactole ne devait pas être laissée à l'abandon. Il était vigilant et disait épargner pour l'avenir en sachant pertinemment que d'avenir il n'en avait pas. C'était encore un paradoxe chez cet homme capable de parler de l'avenir en affirmant dans une autre phrase qu'il ne parviendrait pas à atteindre les 45 ans. Déstabilisant. Visiblement de l'argent il en avait mais même cela ne semblait pas l'apaiser. Il était sans cesse en mouvement, toujours agité comme s'il était monté sur des ressorts. Ses propos se faisaient, sur la fin de nos rencontres, de plus en plus désordonnés et j'avais du mal à le cerner, à comprendre ce qu'il faisait là avec moi et surtout pourquoi il le faisait. Je crois bien que lui-même ne savait plus ce qu'il faisait là.

La fin arrivait, je le sentais. Il en avait assez, il avait surtout assez donné. Cela me suffisait également.

21

Barbecue

Ce matin-là les températures automnales ressemblaient à celles d'un mois d'août. On suait. Nos dessous de bras avaient déposé de larges auréoles sur nos chemises encore colorées. L'été traînait.

Samir n'avait pas quitté l'habitacle de la voiture. Depuis son siège il m'avait fait un signe afin que je le rejoigne. Je pris place à ses côtés. Sa voiture empestait la friture et le shit. Ça puait la cité, les quartiers nord semblaient être résumés dans cette malbouffe et dans cette merde à fumer.

Sans préliminaires il entama la conversation. Brutalement. Sans concession. Sans doute avait-il besoin de cracher les faits qu'il allait me relater pour commencer la fin de nos entretiens. Il en avait assez et il ne pouvait plus le cacher. Moi non plus.

Il commença.

Une nuit d'hiver. Une nuit froide durant laquelle les températures avoisinent, même ici, le zéro. Comme pour jouer, comme pour titiller le provençal ayant rangé ses manteaux, il faisait froid à pierre fendre.

Samir avait reniflé un rail de cocaïne pour se donner le courage nécessaire ou pour annihiler son discernement et les images horribles qu'il allait générer.

L'homme avait été ligoté et un bâillon de mauvais papier collant l'empêcher de hurler. Pourtant à l'intérieur de son crâne ce n'était que cris puissants et images abominables de sa mort prochaine. Samir pilotait une vieille guimbarde dérobée sur un parking d'une cité. Il était seul.

Vers les hauteurs du treizième arrondissement de la ville, près d'une résidence qui jadis fut bourgeoise, il engageait sa vieille caisse brinquebalante. Un passage donnait accès à la colline marquant la frontière entre la grosse agglomération et celle bien plus petite de Septèmes-les-Vallons. Plus haut trônait l'antenne du Pic de l'étoile inondant les Marseillais de télévision de mauvaise qualité. D'émissions débiles.

Samir progressait lentement sur la piste de terre. Il faisait nuit et la faible lueur blanchâtre des phares ne lui permettait pas de voir où il plaçait la voiture. Il percuta des cailloux à plusieurs reprises avant de stopper là, au milieu du sentier. Sur les sièges arrières étaient posés deux jerricans d'essence. L'hydrocarbure fut déversé sur et dans la voiture et le contenant jeté dans l'habitacle. Une seule allumette suffit à déclencher l'incendie. En quelques millisecondes la carcasse rouillée fut transformée en immense brasier. Les flammes léchaient le coffre arrière comme pour s'y engouffrer alors que d'autres, moins vivaces, étaient parvenus à anéantir la banquette arrière pour aller dévorer l'homme recroquevillé sur lui-même. Pas de hurlements. Rien. La mort seulement. Il n'avait que vingt ans.

Je pris quelques secondes avant de questionner Samir. Je n'étais pas préparé à entendre cela et j'avais, durant le récit, observé le narrateur avec attention. Il était resté froid et insensible et avait minutieusement détaillé son affaire jusqu'à évoquer les flammes, leur couleur et leur puissance. Son regard était froid et ses yeux vitreux.

- Pourquoi ?
- Parce que c'était un con et parce qu'il me devait de l'argent.
- Combien ?
- Peu importe. Il n'avait pas payé ses dettes et c'est tout.

Je fis semblant de prendre des notes pour donner une apparence, afin de lui faire croire que son histoire ne m'avait pas impacté. Puis, alors que je ressassais dans ma tête une question tout en la trouvant stupide, je posais mon cahier sur le tableau de bord. Il m'étouffait, je le trouvais lourd sans comprendre que c'était bien ce que je venais d'entendre qui me pesait.

- Pourquoi comme ça Samir, pourquoi ?
- J'en avais envie et puis il faut montrer aux autres qui tu es. Plus la mort est violente et plus on te craint. Tu comprends ça flicard ?

J'étais épuisé. Cette fois c'est bien moi qui mis un terme à notre entretien. Sans dire un mot je quittais la voiture et pris la fuite vers la mienne.

J'avais envie de vomir. J'aurais voulu hurler tout comme ce jeune homme aurait voulu le faire en mourant brûler dans un coffre de voiture un soir d'hiver.

Horrible…

22

Mauvaise idée

Certains auraient dit que c'était une idée à la con, d'autres auraient pris la fuite en écoutant mon monologue, en entendant ma démarche et mes intentions. Mais comment le vérifier puisque je ne devais, à ce stade-là, n'en parler à personne. Pourtant cela me soulagerait de le dire, de le crier. Je le gardais en moi en sachant que c'était bien une idée stupide.

Au départ il ne s'agissait pas de faire du voyeurisme ou de raconter des tueries pour faire vibrer le lecteur. J'avais l'intention de parler des cités et de ce qu'il s'y passe réellement loin des clichés de journalistes avides de scoops et bien incapables d'échanger comme je le faisais avec Samir. Aussi facilement et sans mensonges.

Mon texte avait quelque peu dérivé au fil des semaines vers un huis clos entre lui et moi et une sorte de confrontation débile durant laquelle j'entendais des mots horribles et constatais des comportements abominables. Pourtant Samir restait un homme, un jeune homme fait de chair et de sang. Je m'étais laissé attendrir par sa personnalité et par son aptitude à évoquer, des sanglots dans la voix, son passé et son père alcoolique. J'avais sombré dans ce que j'appréhendais le plus : une sorte de syndrome de Stockholm et je ne parvenais pas à lutter contre. En soi ce n'était pas si terrible car je ne doutais pas que lorsque nos entrevues se termineraient je n'aurai pas de mal à redevenir celui que j'avais toujours été. Je n'aurai aucune difficulté à me détacher de lui tout en sachant que le plus dur resterait à faire en écrivant ce livre. Ce que je craignais c'était la relation que j'allais avoir et que je devais avoir avec le texte. Comment devais-je l'écrire, dans quel but et parviendrais-je à le survoler pour ne pas rester trop impliqué, trop engagé ?

Néanmoins je m'interrogeais souvent sur la personnalité de Samir et je lui trouvais souvent des côtés pathétiques de celui se retrouvant seul face à une situation que, bien qu'il l'ait lui-même engendrée, ne parvient pas à la gérer. Il me faisait parfois de la peine. Il restait un homme et à chacune de nos rencontres il se dévoilait un peu comme certainement il ne l'avait jamais fait auparavant. Je pense qu'il avait trouvé en moi un moyen de déverser un monceau énorme d'immondices débordant des tiroirs de son crâne. Je me demandais parfois si cette confession allait lui permettre d'avancer un peu mieux, d'évoluer plus aisément dans un monde cruel qu'il n'avait pourtant jamais quitté. Il ne connaissait que cela m'avait-il confié, il n'avait évolué que dans cette cité dégueulasse ne générant, d'après lui, que haine, violence, trafics de stups et logiquement assassinats sanglants. Ses mains étaient indéniablement souillées par le sang qu'il avait versé, elles ruisselaient de larmes salées des mamans endeuillées.

Pensait-il à la sienne ?

Je détenais sans doute la clef de ses confidences. Je devais le conduire sur ce terrain-là…

23

Maman

Ce que j'avais pu constater chez les gens comme Samir c'était le respect qu'ils portaient à leur maman. Je dois avouer que parfois il m'était donné d'intervenir lorsqu'un jeune mineur, remis à son civilement responsable, levait allègrement la main sur les joues de sa mère, mais de manière générale la maman chez les gens de cité restait sacrée. Pour Samir il apparaissait nettement que le sentiment qu'il portait à sa mère était fort puisqu'il lui était presque insoutenable de relater avec force détails le regard de la pauvre femme alors qu'il venait de placer le canon de son arme dans la bouche nauséabonde de son père. Samir, dans ce domaine-là, ne dérogeait donc pas à la règle. Je devais utiliser cela afin de connaître pleinement le contenu du crâne de ce jeune homme comme ses véritables motivations à se répandre comme il le faisait. Je n'étais pas dupe et mon passé de flic et le ridicule service que je lui avais rendu n'avaient en rien motivé le tueur à me faire des confidences.

Un matin frais, un matin Marseillais.

Neuf heures trente, une ruelle déserte d'un village du pays Salonais. J'étais en avance et j'arpentais la ruelle en relevant le col de ma veste pour me protéger des regards en niant le froid et sa morsure. Samir se faisait attendre, il était clairement en retard. Je marchais en éveillant les soupçons d'un vieil homme s'étant rendu à la boulangerie pour y acheter sa baguette. Je lui adressais un grand bonjour afin de dissiper tous doutes quant à mes intentions. Le vieil homme ne me rendit pas mon salut, je le vis disparaître au coin de la rue.

J'avais rejoint l'habitacle confortable de ma voiture. Il était dix heures quinze lorsque je fus rejoint par Samir. Il marchait vers moi après avoir abandonné sa voiture à proximité. Étrangement il semblait moins sur ses gardes et ne maintenait plus la crosse de son arme. Néanmoins je savais qu'il était armé, la déformation de son blouson le confirmait.

Il me fit un signe afin que je me rapproche de lui. Il portait encore son bonnet de laine noire et ôta ses lunettes sombres masquant la quasi-totalité de son visage. Il semblait agacé, contrarié et ne pouvait pas dissimuler son état. Une bise à la Marseillaise brisa un peu la glace que son visage fermé semblait vouloir imposer.

- *Allez marchons un peu*, me dit-il.

Les ruelles étaient désertes et nos silhouettes traînantes nous donnaient l'apparence de deux spectres échappés d'un château hanté. Je constatais qu'il avait maigri, son visage émacié le démontrait. Avait-il des soucis ?

- *Bon on reprend Samir ?*

Sans se faire prier et comme à son habitude il reprit là où nous nous étions arrêtés. Je me permis de parler de sa mère. Sans rechigner il l'évoqua et, de manière générale, il parla des mamans en général et notamment celles ayant perdu un enfant dans un règlement de compte. Très aisément il me confia que parfois la nuit il était réveillé par les visages en larmes de ces femmes et il ne fallait pas trop insister pour que la face larmoyante de sa maman vienne toutes les effacer. Il voyait sa mère en larmes, il savait qu'un jour elle apprendrait que son fils Samir avait été tué sur un trottoir sale des quartiers nord de Marseille. Comment se comporterait-elle, accepterait-elle une nouvelle fois la dure loi de la cité et ses conséquences dramatiques comme tant d'autres mères l'avaient avant elle subie. Ces questions ils se le posaient enfin et je me réjouissais d'en arriver là puisqu'y répondre mettrait un terme à nos entretiens et permettrait à cet homme de peut-être reprendre le cours de sa vie. Je l'espérais.

Samir parlait toujours, il parlait aisément et étrangement ce matin-là il se rendit seul, sans mon aide, sur les sentiers de la famille et de ce lien qu'il entretenait avec sa mère ou tout au moins qu'il avait entretenu avec elle puisqu'il ne la voyait quasiment plus. Elle n'avait pas quitté la cité, lui non plus, mais leur relation s'était lentement étiolée. Elle n'ignorait évidemment pas quel rôle jouait son fils, elle savait qui il était dans les quartiers nord mais elle n'avait plus la force de réagir, de l'empêcher d'être ce dealer notoire. Parfois Samir faisait preuve de générosité et déposait une liasse de billets de banque sur la table élimée de la cuisine puis il partait pour reprendre son business. La pauvre femme ne disait mot en rangeant les billets. Avec eux elle payerait son loyer, elle ferait son marché ou peut-être s'achèterait-elle une robe ou un voile pour dissimuler ses longs cheveux noirs. Ces cheveux que personne ne caressait plus, ne regardait même plus. Espérait-elle des jours meilleurs. Comment espérer ce que l'on ne connaît pas, ce que l'on a jamais connu ? Elle ne vivait pas, elle survivait dans un univers de béton et de shit, de larmes et de sang et surtout de détonations nocturnes venant briser son léger sommeil. Pensait-elle que cette rafale venait de faucher son fils, imaginait-elle que ce tir unique

161

et bref était allé se ficher dans le crâne de son enfant ? C'était bien de cela que Samir voulait me parler, c'était bien ça qui le rongeait et il avait fallu plusieurs mois et de multiples rencontres à la sauvette pour qu'enfin il y vienne, pour qu'il trouve le courage de me parler d'elle, de cette maman autrement qu'à travers de la colère. Il se laissa aller à me confier que cette maman était le seul être humain qu'il aimait et à laquelle il accordait du respect. La seule personne importante à ses yeux.

Je le laissais poursuivre. Il regardait la pointe de ses chaussures écraser quelques feuilles mortes. L'ambiance était lourde.

- *De quoi as-tu peur Samir ?*
- *Que tes collègues viennent un matin annoncer à ma mère que je suis crevé. Voilà de quoi j'ai peur.*
- *Pourquoi maintenant ?*
- *Parce que les trafics sont devenus fous et on te tue pour un rien. Les cités ont changé trop vite et cette bande de minots fous furieux n'ont peur de rien ni de personne. Ils te fument comme ça ou parce qu'on leur a donné mille balles pour le faire. Ils sont barjots Marc, complètement barjots !*
- *Donc c'est maintenant que tu penses à ta mère, pas avant ?*
- *Eh oui Marc c'est maintenant ! Tu vas me donner une leçon de morale ? Tu vas m'apprendre la vie dans ces quartiers, c'est ça que tu veux ?*

Je fis non de la tête. Il stoppa puis reprit sa marche vers le bourg. Les ruelles étaient désertées et le mistral s'y engouffrait pour venir fouetter nos visages. Samir semblait épuisé, fatigué d'avoir parlé et surtout de m'avoir donné ces dernières informations. Il reprit son monologue et me demanda de ne pas l'interrompre. À cet instant je faisais face à un homme esseulé et désireux de passer un message comme s'il avait compris que les chemins qu'il avait empruntés n'étaient pas les bons et surtout qu'il venait d'apercevoir leur destination à savoir pour lui la mort dans des conditions terribles. Il avait peur, une peur qui vous noue le ventre mais qui vous impose de faire avant toute chose une dernière démarche. Il souhaitait laisser quelque chose, me laisser quelque chose sans réellement me dire ce qu'il fallait que j'en fasse. Cette chose était lourde à porter, très lourde puisqu'il s'agissait de ses confidences et surtout de son cheminement intellectuel lui ayant permis de parvenir enfin à une forme de prise de conscience. Il savait que ce message n'était pas audible pour bon nombre de gens et qu'il serait difficile pour moi de le retranscrire, il savait aussi que j'allais avoir beaucoup de mal à le porter et à le vomir. C'était bien de cela qu'il s'agissait car je l'ai rendu comme l'on rend un mauvais repas qui vous a donné la nausée, la gerbe ! En m'étranglant.

Samir pensait m'avoir tout dit même si en vérité ce n'était pas grand-chose et que j'en attendais plus. Il n'avait plus envie de continuer car il estimait que son travail de repentance était accompli et que si demain il devait tomber sous les balles de ces rivaux il m'appartenait désormais de dire ce qu'il m'avait confié. Étrange situation que celle que je vivais à ce moment-là. Je savais que je n'allais plus le rencontrer, le revoir en sachant qu'il m'avait donné une mission de raconter son cursus criminel, comme si je devais le faire encore vivre alors qu'il pensait que ses jours étaient comptés. Avais-je devant moi un mort-vivant comme il voulait que je le pense ou allait-il encore vivre et œuvrer dans son business. Allait-il encore tuer ?

Il est aujourd'hui encore compliqué pour moi de décrire mes sentiments et mes ressentis. J'oscillais entre un énorme sentiment de culpabilité d'avoir entendu les confessions de cet homme et une responsabilité immense de devoir les porter. En aucun cas je n'ai eu envie de tout balancer, de tout dire à ma compagne ou à un ami. Cette fois c'était sans aucun doute la peur qui me tiraillait jusqu'à m'empêcher de trouver le sommeil.

Ce matin-là Samir me serra la main et me dit au revoir comme deux copains qui venaient de prendre un verre. Pas de merci, encore mois de reconnaissance dans ses yeux ou ses gestes. Il était redevenu instantanément un tueur froid et sanguinaire.

Il était maintenant certain d'avoir racheté ses fautes.
Moi pas...

DEUXIÈME PARTIE

1

Intellectualisation

Lorsque Samir évoquait les plans stups et surtout les règlements de compte, il était parfois narquois, cynique. Ce détachement m'avait perturbé et je l'avais contemplé relater cette situation avec un esprit d'analyse pragmatique. Reprenant point après point les différents problèmes poussant les jeunes gens à faire carrière dans les stups, il avait cette vision surprenante faisant de lui un étranger, un non-participant pourtant actif des tueries. Et pourtant…

Un matin où il était en forme, où je ne craignais pas qu'il dégaine son arme pour me menacer, je l'amenai sur ce terrain-là. Je voulais qu'il me parle de ce recul et de son sourire.

Il n'hésita pas et me confia librement que rien n'était plus simple que le deal et les tueries. Pour moi c'était monstrueux, pour lui ce n'était rien, absolument rien. Décalage, dichotomie ou différence de monde, voire de galaxie.

Ce que je voulais comprendre c'était pourquoi rien ne l'atteignait et comment pouvait-il se détacher autant des faits criminels dont il était l'auteur. Un grand éclat de rire marqua le début de son monologue. Pour Samir ce qui était risible n'était pas tant les faits eux-mêmes mais bien la manière dont les médias les traitaient et la façon de les aborder. Il chercha un mot précis et hésita longtemps avant de commencer ses phrases détaillant son idée. Je lui glissai le mot intellectualisation et me dit qu'il collait parfaitement à ce qu'il voulait dire, au message qu'il voulait faire passer. Pour Samir, en effet, rien n'était intelligent et aucune espèce d'intellectualisation n'avait sa place dans ce débat-là puisque tuer son prochain, parce qu'il était un rival, n'avait rien d'intellectuel et se limitait à une action violente d'un jeune décérébré voulant venger son honneur ou désireux de protéger son business. En aucun cas l'aspect intellectuel, réfléchi et encore moins censé ne devait intervenir dans un récit de massacre à l'arme de guerre. Il alla plus loin dans son propos et me dit que dans ce milieu il n'y avait que des idiots incapables de réfléchir et capables de prendre les armes pour du fric. C'était aussi simple que cela, pas plus compliqué que cela et bien différent de tout ce que les débatteurs télévisés s'évertuaient à raconter pour faire mousser un débat au sujet qu'ils ne maîtrisaient pas.

Samir était convaincu de ce qu'il affirmait et poussa son raisonnement en mettant en évidence l'absence totale d'opposition face à la montée exponentielle des trafics. Depuis plus de quarante ans, rien n'avait été mis en place pour empêcher cette prolifération, même pas une réflexion des autorités. Voilà ce que Samir appelait la bêtise d'un système ne connaissant pas ce qui touche à l'intellectuel, à l'intelligence.

Quant aux tueurs, catégorie à laquelle il appartenait, Samir était catégorique et sans pitié :

- *Ce sont tous des idiots incapables de réfléchir !* Disait-il en riant aux éclats.

L'intellectualisation du sujet par la presse était en profond décalage avec la réalité, ici rien n'était intelligent. Ce qui m'avait marqué était la vision que Samir pouvait avoir de cette situation et comment il en parlait. Avec une forme de recul surprenant, stupéfiant. Lui-même ne se considérait pas comme intelligent bien que, par rapport à tous ceux de sa catégorie, j'avais été amené à croiser il était à un niveau supérieur. Mais pouvait-on évoquer son intelligence alors que je l'imaginais arme au poing en train de dézinguer un jeune homme larmoyant ? Samir était ainsi et je pense réellement qu'il fallait qu'il soit ce personnage-là pour parvenir à évoluer dans ce milieu-là. Un milieu finalement hermétique et seulement ouvert à ceux qui, comme lui, avaient des ambitions. Alors bien évidemment il n'y avait rien d'intellectuel dans le comportement de Samir, pas plus que dans celui de ses homologues. Les trafics de stupéfiants, dans le nord de la ville, étaient devenus un foutoir incommensurable dans lesquels aucune autre organisation que celle imposée par un homme aux dents plus longues que son concurrent faisait référence. Mais ce qui me toucha le plus était en fait l'aspect éphémère de ces pseudos-structures tout comme la durée d'exercice et trop souvent d'existence des jeunes dealers. Une fois encore pour Samir cela était évident, clair comme de l'eau de roche. Finalement rien, absolument rien n'atteignait Samir...
Absolument rien !

2

Fardeau

Ce matin-là je m'étais réveillé difficilement. Je ne saurais décrire ce sentiment persistant en moi, je ne pourrais pas le détailler tant ce que je ressentais était étrange et inhabituel.

Je savais que je n'allais plus rencontrer Samir. Il m'avait beaucoup donné et pourtant j'avais l'impression que je n'avais rien appris ou pas grand-chose. Il avait relaté ses actes violents de dealer et de tueur, je l'avais contemplé évoluer avec ses attitudes décalées et souvent grotesques. Sans aucune ligne directrice. Il avait été brouillon, dispersé et difficile à cerner, bien à l'image des tueurs qu'il m'avait lui-même décrits.

Ce qu'il m'avait laissé était maintenant en moi et il me semblait que je souffrais presque autant, sinon plus, que lui de savoir ce que je savais et il me fallait maintenant trouver un moyen de m'en débarrasser. Bien évidemment il fallait que j'écrive, c'était d'ailleurs l'unique but de ces entretiens. Il fallait que je retranscrive tout ce qu'il m'avait confié mais j'ignorais encore comment j'allais le faire et même si je devais le faire. Je changeais sans cesse d'avis. Devais-je le faire, ne pas le faire, que vais-je en faire ?

Alors ce matin, assis à mon bureau je contemple ma tasse de café fumante et odorante. C'est peut-être elle qui va m'aider à le faire, à prendre cette décision de mettre sur le papier ce que je sais. Mais bien au-delà de ce que Samir m'avait confié j'avais mis, sans réellement le réaliser, en place un processus de réflexion sur les quartiers nord de Marseille et sur ces dealers sanguinaires. Une fois encore j'étais confronté à un dilemme entre un regard issu de mon ancien métier m'obligeant à condamner fermement ces gens-là et un regard plus serein, plus pragmatique aussi m'autorisant à raisonner sur des conditions de vie et d'existence dans de tels quartiers. Une fois encore je ne suis pas sociologue encore moins anthropologue et je n'ai aucune compétence pour me prononcer dans ces deux domaines scientifiques. Ce que j'ai en moi c'est une vraie connaissance de ces quartiers-là, pour y avoir grandi et y avoir exercé ma mission de policier durant de longues années. Je sais que pour bon nombre d'interlocuteurs cette connaissance n'est pas suffisante pour analyser une situation aussi complexe que celle des cités du nord de la ville et que je n'ai aucune légitimité, sinon celle que je revendique, de porter sinon des jugements mais des analyses d'une situation ayant depuis bien longtemps dépassé ceux qui sont sensés détenir le savoir. Pourtant dans ces quartiers-là ni les politiques et encore moins les sociologues ne sont parvenus à apporter des solutions à l'ensemble des maux dévorant les lieux et même les personnes tentant d'y vivre. J'ai beaucoup lu, beaucoup entendu de choses sur les quartiers nord et sur leur police. La plupart de ce que j'ai lu et entendu n'était que futilités et études infondées sur une population ignorée et surtout délaissée sauf pour l'utiliser à des fins mercantiles ou politiques. Bon nombre des auteurs de ces articles, déclarations ou analyses n'avaient jamais mis les pieds à Marseille et la totalité d'entre eux ne connaissait rien de la cité de la Castellane, de la Bricarde, du Clos La Rose et autre Frais Vallon…

Certains y sont venus le temps d'effectuer leur documentaire ou leur article avant de s'en retourner chez eux, loin de Marseille et ses cités dévastées.

Ce matin il m'appartient de commencer l'écriture de cet ouvrage en le scindant en deux parties. La première étant le témoignage de Samir et la seconde étant une analyse de la personnalité et des attitudes de ce dernier pour tenter d'en extraire quelque chose de positif et espérer peut-être, à défaut de trouver des solutions, d'apporter quelques pistes pour améliorer le quotidien de tout un pan de la population de la deuxième ville de France. Cela peut paraître prétentieux, cela peut surprendre même qu'un ancien policier puisse se pencher sur ces secteurs pour en extraire ne serait-ce qu'une once d'humanisme et d'espoir. Car c'est bien de cela dont on parle : l'espoir ! L'espoir de voir un jour ces quartiers sortir de la situation dans laquelle ils se trouvent, l'espoir de toutes ces personnes contraintes de vivre là et souffrant plus que tous du dictât des dealers et de leur violence et enfin l'espoir de voir cette ville exploiter le potentiel dont elle bénéficie au travers de choses positives en se démarquant une bonne fois pour toutes de cette image de ville de voyous, de ville de la Kalachnikov.

Cet espoir est grand et je dois avouer qu'avant de rencontrer Samir je n'en avais aucun. Aussi étrange que cela puisse paraître c'est quelqu'un n'ayant pas d'avenir qui m'a redonné espoir, l'espoir de voir un jour les massacres cesser.

Alors bien évidemment ce dont je parle n'est pas qu'un problème Marseillais et les solutions ne se trouvent pas uniquement à la mairie centrale, ce sont des problématiques nationales et souvent dépendantes du pouvoir régalien. Mais voilà à Marseille l'état est quasiment absent, il brille par son abandon de cette ville devenue depuis trop longtemps ingérable et que peu de personnalités politiques, dignes de cette qualité, veulent gérer. Marseille est un sac de nœuds, une ville ingérable qui malgré tout bénéficie d'un immense potentiel qu'elle ne peut ou ne sait pas exploiter.

Faire l'historique des échecs phocéens serait fastidieux et inutile. Aux yeux de certains non-locaux Marseille est une ville à la dérive, alors que pour d'autres c'est une ville du littoral ensoleillée où il fait bon vivre. Pour les Marseillais et notamment pour moi je considère Marseille comme perdue car ici rien ne se fait comme ailleurs et bien souvent rien ne se fait tout simplement. Mais dans le domaine concerné, à savoir l'état des lieux des cités du nord et leurs commerces exponentiels de la drogue, c'est évidemment ce qui saute aux yeux ou du moins l'impression que peut avoir celui qui va avoir le courage ou l'inconscience de se pencher sur les problèmes. Marseille n'est pas une ville ordinaire, elle est bouillonnante, sauvage et malheureusement gangrenée par différents maux faisant sourire certains et provoquant les larmes de bien d'autres. Moi j'oscille souvent entre les deux et je pense à ces néo-marseillais ne restant que six mois dans cette ville avant de prendre la fuite pour rejoindre leur région d'origine. Marseille est un leurre, elle n'est plus capable d'offrir hospitalité et sérénité. Samir en est l'incarnation.

Mais alors que j'écris ces lignes je viens de prendre conscience que le fait d'avoir rencontré Samir doit avoir un autre but, une autre fonction que celle que je m'étais donnée à savoir retranscrire simplement le témoignage d'un dealer et d'un assassin. En soi ce témoignage n'apporte pas grand-chose sauf si on prend le temps de le décortiquer pour mieux comprendre les itinéraires de l'ensemble de ces jeunes gens embrassant la carrière, souvent éphémère, de dealer. Dans la première partie de l'ouvrage on suit quelque peu l'itinéraire de Samir tant sur le plan familial que personnel et c'est dans ces deux domaines là que l'on peut trouver une quantité incommensurable de problèmes pouvant être à l'origine de sa dérive et de ses actes immondes et violents. Évidemment le parcours de Samir se poursuit pour parvenir à le voir évoluer dans ce que l'on peut qualifier de professionnel avec tout ce que cet engagement dans une telle carrière allait engendrer de débordements et d'infractions pénales passibles de la juridiction maximale : la cour d'assises.

Oui j'en suis maintenant certain ces entretiens doivent avoir comme finalité une réflexion et peut-être même un regard différent sur cet univers glauque qui effraie celui qui le connaît bien et bien entendu celui qui en ignore tout. Excepté les dealers eux-mêmes qui évoluent dans cette atmosphère depuis leur naissance ce monde n'est pas le mien et certainement pas le vôtre non plus. Depuis nos positions nous l'observons à travers les flashs d'infos et les chroniques lancinantes des journalistes parfois bien heureux de pouvoir faire quelques piges sur des corps de jeunes gens tombés pour on ne sait quoi. Souvent pour pas grand-chose. Moi j'ai eu la chance ou pas d'ailleurs de l'observer de deux manières, sous deux angles. Le premier étant celui d'un flic paumé au milieu de ce béton gris et de cette came omniprésente avec ses odeurs âcres et tenaces. Le second étant les longs entretiens que j'ai eu la chance d'obtenir avec Samir et ses révélations. De toute évidence je ne pouvais pas conserver cela par-devers moi mais il devenait évident que je ne devais pas me limiter à l'écrire pour le livrer aux lecteurs. Il fallait que je raisonne et que je parvienne à livrer autre chose à mes lecteurs. Coucher là des révélations n'apporterait rien si mon texte n'était pas étayé par une vision, la mienne, de l'évolution de la plupart des dealers des quartiers nord. Pour cela il fallait que je prenne le temps de décortiquer les aveux de Samir pour aller y chercher ce qui, à priori, ne se révélait pas immédiatement. Il fallait que j'y trouve la substantifique moelle et que je puisse complètement comprendre ce que Samir avait dans la tête.

Des Samir j'en avais croisé tant d'autres, j'en avais encore engeôlé beaucoup sans qu'aucun d'entre eux puisse parvenir à titiller chez moi un semblant de compassion, de compréhension même. J'étais flic et donc dans mon rôle et il était hors de question que je m'apitoie sur le sort d'un dealer et encore moins sur celui d'un assassin et le fût-il d'un des membres de sa catégorie. Un flic ne doit pas raisonner pour ne pas perdre de vue sa mission. Ainsi je ne laissais que peu de place à l'humain. Nous étions foncièrement et fondamentalement opposés et nous restions tous deux sur nos positions, avec nos paradigmes sans faire un petit effort pour essayer de comprendre la fonction de l'autre.

Mais aujourd'hui les choses ont évolué et ma démarche initiale de croiser la route de Samir doit me permettre d'avancer et de faire avancer mes lecteurs.

Je vais tenter de l'expliquer…

3

Héritage

Ce n'est pas un héritage, pas un cadeau non plus. Samir m'a laissé un fardeau pesant lourd sur mes épaules. Les cités des quartiers nord de la ville crèvent encore sous le poids des homicides et sous l'autorité des dealers ayant pris possession des lieux pour n'en faire que des points de vente rapportant, pour chaque point de deal, des sommes avoisinant les cent mille euros par jour. Lorsque l'on mesure cela il est aisé de comprendre la violence et la propension de ces jeunes gens à éliminer celui voulant imposer son business sur le territoire d'un concurrent. Ce qu'il faut pour réellement le comprendre c'est en fait tenter d'entrer dans le crâne de ces jeunes gens, très jeunes parfois. Il faut y entrer pour y découvrir qu'il n'y a en fait pas grand-chose, peu de choses cohérentes et sages. Il faut aller dans ces quartiers et y prendre la tension, y mesurer ce qu'il s'y déroule et cela rares sont ceux qui ont pu ou voulu le faire se limitant, pour la plupart, à des reportages superficiels voire mensongers.

Ce qui est intéressant ce sont les hommes bien plus que le phénomène en lui-même et évoquer les trafics sans parler des jeunes gens et de leur détermination me semble bien inutile. Grâce au témoignage de Samir j'ai pu entrer dans la tête d'un dealer et comme je le disais supra je n'y ai rien trouvé d'autre que de la violence et une forme d'attentisme étrange semblable à une résignation de devoir mourir très vite sous les balles de ses propres amis. Ce qui m'a le plus choqué reste incontestablement la prise en considération de leur mort prochaine et presque certaine et cette façon de vivre, de survivre, en l'attendant. Samir avait intégré cela et même si lorsque j'ai pu l'approcher il était celui qui tenait l'AK 47, il n'ignorait pas qu'il pouvait très vite se trouver de l'autre côté. En fait il baignait dans la mort et dans tout un cortège de crasse abjecte tournant autour de ces presque spectacles qu'offraient quotidiennement les règlements de compte. Dès lors l'analyse psychologique de ces gens-là s'avérait complexe et extrêmement simple à la fois puisque leur unique référence était la mort. Celle des autres et même la leur. Je souhaitais comprendre le mécanisme intellectuel de Samir et à travers le sien celui de ses semblables. J'ai longuement écouté et souvent subi les affres de cet homme et aux questions que je lui posais notamment sur ce qu'il avait dans la tête lorsqu'il pressait la détente, je n'obtins aucune réponse intéressante, rien de bien concret pouvant m'éclairer sur une forme de raisonnement de ces gens-là. Et pourtant Samir n'était pas un idiot.

Dès lors, devais-je simplifier en affirmant que j'avais eu affaire à un idiot incapable de réfléchir, à un monstre assoiffé de sang et abreuvé de haine ou devais-je m'imposer de comprendre et d'aller encore plus loin pour décortiquer le récit de Samir pour en extraire une réflexion ? Bien évidemment je devais pousser ma réflexion vers autre chose en délaissant le récit initial pour aller voir derrière ces grands murs gris comment et pourquoi on pouvait aisément devenir un Samir.

Je n'avais pourtant pas envie de répéter là ce qui a été maintes fois écrit, dit et filmé. Était-ce important de raconter Marseille à travers son lourd passé de voyou, à travers la politique qui a été conduite ou encore en la caricaturant comme le font toutes ces personnes ne la connaissant pas mais pensant la comprendre, écrire cela ne m'intéressait absolument pas et ne servirait qu'à noircir des pages pour étoffer un texte et pour dissimuler ses carences. Néanmoins ce que je devais faire c'est analyser le terreau fertile sur lequel les Samir poussent sans qu'aucun désherbant n'ait pu les anéantir et ce depuis de trop longues années. Je devais donc mêler ma propre expérience de policier enquêteur dans les quartiers nord à celle de Samir pour définir ce qui est inutile de combattre si on le maîtrise pas, pour expliquer de manière pragmatique la genèse d'un tueur des quartiers nord.

Ce qu'il faut en premier lieu considérer c'est que nous n'avons pas affaire à des gens comme nous, comme le commun des mortels et écrire cela ne me donne pas le droit de décrire ces acteurs du deal local comme des sous-êtres mais bien de définir ce qui se déroule dans les quartiers et dans les crânes complexes de ces jeunes gens. Une fois encore la mission est simple si on se limite à un survol mais elle peut s'avérer complexe si on s'y penche vraiment avec l'intention d'en extraire quelque chose de positif. Blâmer, condamner a été fait, je me dois donc de positiver.

4

Éducation

Tout part des parents et de l'éducation ! Voilà une rhétorique bien huilée et placée dans tous les discours et même dans les palabres ineptes du bar des sports entre deux apéritifs anisés et un rot bruyant. L'éducation, cette fameuse éducation jadis donnée aux jeunes gens les empêchant de devenir délinquants et les contraignant à rester dans les marques, ces marques que les parents eux-mêmes s'efforçaient de définir. Mais voilà les temps changent et l'usage de ce second adage antédiluvien n'apporte aucune solution sauf de se pencher vraiment sur sa portée car de toute évidence les temps ont vraiment beaucoup changé et ce que ces bouleversements ont apporté est de nature à contribuer largement à ce que de nombreux jeunes gens embrassent la carrière de dealer comme d'autres entrent dans les ordres avec la même envie, un besoin identique de se donner à un Dieu soudain devenu synonyme d'argent et de puissance et se trouvant aux antipodes de ce que les Dieux connus et dits conventionnels préconisent en terme de respect de soi et d'autrui. Ce qu'il faut voir là c'est une forme d'abandon des parents. Ces parents eux-mêmes paumés dans une société étrange qu'ils ont eux-mêmes contribué à fabriquer et dans laquelle ils ne parviennent pas à trouver leur place. Sans dévoiler un secret d'alcôves je peux affirmer que l'immense majorité des gens s'adonnant aux trafics de stupéfiants dans les cités des quartiers nord de Marseille sont issus de l'immigration et notamment sont originaires du Maghreb. Ce phénomène devrait interpeller les autorités plus que de les laisser face à une situation qu'elles déplorent car être issu du Maghreb n'est évidemment pas la condition sine qua non pour devenir dealer mais les cités concernées abritent une très forte densité de gens venus de cette région du monde. Alors est-ce lié à un lieu de résidence ou à l'appartenance à une communauté ? Bien évidemment la réponse saute aux yeux et loin de moi l'idée de catégoriser les Maghrébins seulement dans une activité illégale, lucrative et sanglante. Il reste donc cette seconde hypothèse à savoir le lieu de résidence, l'endroit où l'on vit et surtout les conditions dans lesquelles on y vit.

Les cités des quartiers nord de Marseille ont cette particularité, contrairement aux autres grandes agglomérations Françaises, d'appartenir et de faire partie intégrante de l'agglomération. Souvent les quartiers difficiles sont des banlieues délaissées aux abords des villes comme à Lyon ou à Paris. À Marseille c'est tout autre chose puisque ces ensembles de béton constituent le gros des 13, 14, 15 et 16e arrondissements. C'est donc ces secteurs-là que l'on qualifie de quartiers nord de la ville puisque évidemment ils se trouvent en périphérie du centre et à l'opposé du sud longeant le littoral. Je rappellerai très vite que ces cités ont été construites, pour la plupart, dans les années 70 pour y loger, de manière décente, une population appartenant à la classe moyenne et souvent ouvrière. À cette époque elles étaient belles et radieuses, il y faisait bon vivre. J'ai souvenir de la cité dans laquelle j'ai grandi, on y bénéficiait de larges espaces de verdure, d'agoras immenses et propres laissant le loisir d'y pratiquer de multiples activités sportives. J'ai souvenir encore de l'autorité de mes parents malgré notre liberté acquise en emménageant là. Les jours de relâche mon frère et moi quittions le logement pour ne rentrer qu'en fin de journée épuisés d'avoir couru après un ballon. Pourtant l'architecture était la même que celle d'aujourd'hui, le niveau de vie des familles, dont la mienne, était parfois le même que celui de maintenant et rares étaient mes amis qui prenaient le mauvais chemin, du moins dans les premières années avant que nous soyons de jeunes adultes.

Je reviens sur ce que j'évoquais dans le début de mon chapitre à savoir l'éducation. Celle qui nous était donnée était stricte bien que basée sur la confiance mais les pièges et les embûches étaient bien moins nombreux qu'aujourd'hui tout comme les tentations. Nous étions habitués à dire non et connaissions la frustration de ne pas posséder, d'avoir seulement ce que nos parents pouvaient nous offrir. Nous savions nous contenter du peu que nous avions et sans vouloir faire pleurer dans les chaumières je n'avais qu'une paire de chaussures servant à tout et ce pour l'année entière. Elle serait changée en fin d'année si son état justifiait son remplacement. Quelques mots pour évoquer ces bouleversements ayant favorisé cette transition et cette mutation de cités idéales en lieux abjects et dangereux.

L'éducation dispensée à mon époque n'a rien de commun avec celle qui est donnée à ces jeunes gens, elle est aujourd'hui quasi inexistante laissant les jeunes mineurs livrés à eux-mêmes et exposés au deal de leur quartier. Samir me l'avait précisé, il avait grandi là, fait ses premiers pas au milieu du shit et des armes jusqu'à ce que cet environnement devienne le sien, jusqu'à ce qu'il intègre ses fonctionnements et lui offre le moyen de s'enrichir. Bien entendu le cas de Samir est particulier puisque son père était alcoolique, il battait sa femme et l'avait contraint, m'avait-il dit, à lui placer le canon d'une arme dans la bouche. En terme d'éducation on peut faire mieux vous l'avouerez. De la fratrie seul le petit avait pu faire carrière ailleurs, de manière honnête. Samir me tenait pour responsable de cette « réussite » et cela m'avait permis d'obtenir son témoignage. Le frère aîné avait été occis sauvagement et lui était devenu un dealer doublé d'un tueur. Triste constat, minable bilan pour une famille qui à priori n'était pas destinée à vivre cela. Alors le responsable était-ce l'alcool, les origines, une forme d'atavisme ou simplement et seulement les conditions de vie et un abandon total de tout un pan de la deuxième ville de France au profit d'une politique hasardeuse du pouvoir local comme régalien ? Bien entendu c'est de cela que je veux parler puisque j'ai eu l'occasion de suivre la courbe de l'appauvrissement des habitants de ces cités, courbe suivant celle de la montée de la criminalité et de la délinquance.

Dans les années 70 ces quartiers étaient encore épargnés bien que l'apparition de la colle à rustine et de la résine de cannabis commençait à perturber l'équilibre. Les années 80 allaient marquer l'entrée des cités de Marseille dans l'ère de la came et des règlements de compte et cela n'était qu'exponentiel.

C'est aussi à cette époque-là que les parents de ces enfants traînant entre les bâtiments ont décroché de leurs responsabilités les abandonnant à ce que Samir pensait être inévitable. Une forme de destin en somme !

5

Jeunes et déterminés

Ce qui semble le plus marquer les esprits et notamment celui des journalistes est la jeunesse et la détermination des victimes comme des auteurs des assassinats sur fond de trafics de stupéfiants. Régulièrement, lors d'interviews, cette question revient. J'apporte chaque fois la même réponse. Une fois encore il faut avoir vu évoluer ces quartiers dans les dernières années et les jeunes qui ont aujourd'hui une vingtaine d'années sont nés dans cette fange. Ceux étant d'une génération plus ancienne ont participé à la montée de la violence mais peuvent se targuer d'avoir connu, ou d'avoir eu la connaissance, de l'existence de vies paisibles. Pas les jeunes d'aujourd'hui. En effet ces derniers sont des bébés shit, ils y baignent depuis leur naissance et n'ont connu que cela jusqu'à devenir leur seul mode de fonctionnement et leur unique référence. Sans jamais trop sortir de la cité et sans jamais même se demander s'il existait autre chose, ces jeunes là ont intégré le plus simplement du monde la seule chose qu'ils connaissaient et dans laquelle ils se trouvaient à leur aise. Le reste les effraie, la peur de l'inconnu et la crainte d'autre chose les a donc bloqué là. Dans les courbes de la paupérisation on peut comparer et même superposer celle de la montée de la violence dans ces quartiers et celles de l'abandon des familles et de l'éducation nationale. Jadis c'étaient bien ces deux entités qui donnaient la ligne à suivre, aujourd'hui c'est la cité et la came ! Les parents ayant totalement abandonné leurs responsabilités alors que beaucoup ne les ont même jamais assumées laissant leur progéniture pousser sur le terreau extrêmement fertile de la came et des armes.

La détermination de ces jeunes gens n'est que le résultat d'un accès quasi libre aux armes et notamment à la Kalachnikov qui est entrée dans Marseille alors qu'ils venaient au monde. Tout jeune, dans les caves, les plus âgés exhibaient cette arme au nez des moins grands comme l'on présente un jouet à un enfant, jouet qu'il commandera au père Noël. Mais dans ces quartiers là le papa Noël ne vient pas, son traîneau a été remplacé par les gros véhicules allemands transportant, depuis Gibraltar, la matière à fumer et celle à sniffer. Grandir dans cette atmosphère-là est évidemment nocif et ne peut engendrer que violence et appât du gain.

Alors, pourquoi ne pas avoir tenté d'enrayer, policièrement au moins, ces phénomènes là ? Simplement parce qu'alors que la maison brûlait ceux qui pouvaient être les pompiers ont préféré regarder ailleurs. Il est intéressant de s'interroger sur la vision des responsables politiques et s'ils parvenaient à se projeter sur un environnement plus favorable. Mais une fois encore je pense très sincèrement, pour l'avoir vécu, que ces responsables-là se sont ouvertement moqués de l'avenir de ces quartiers. Il était plus important de regarder se mettre en marche la déliquescence des services publics plutôt que d'être force de propositions. C'est moins onéreux et plus intéressant sur le plan électoral !

Ils ont abandonné une jeunesse entière à ce qui n'était pas inéluctable, ils ont laissé se développer des graines devenant rapidement des baobabs de colère et haine.

Et pourtant il aurait suffi de…

6

Politiques

Depuis quelques années les problématiques de sécurité sont automatiquement associées à des solutions policières comme si régler l'insécurité n'était que de la responsabilité des forces de sécurité intérieures. Elles sont exsangues aujourd'hui. J'ai longtemps travaillé comme enquêteur et comme policier de terrain dans les quartiers difficiles et notamment ceux du nord de Marseille, j'ai donc la prétention de connaître le sujet, les quartiers et même de pouvoir compter sur certains habitants pour me faire des confidences. Ainsi la sécurité, ou plutôt l'insécurité relèverait, d'après les experts autoproclamés et même ceux ayant une forme de légitimité, de la police et uniquement de cette dernière. En ce qui concerne les trafics de stupéfiants et les moyens de lutte les théories oscillent entre la lutte contre la consommation de résine de cannabis et l'envoi des forces armées pour affronter, armes à la main, les dealers sauvages capables d'occire le premier venu. Un grand écart mettant sur la scène deux théories opposées et aussi ridicules qu'inefficaces sans que soient réellement considérées les problématiques dans leur globalité. Ces quartiers je les ai vus agoniser et nous assistons à une forme de mort lente de ces pans entiers de nos villes. Pour Marseille c'est une fois encore bien particulier et lorsque j'écoutais Samir faire ses confidences j'étais souvent contraint de lui donner raison et notamment sur cet aspect presque inéluctable, inévitable qui fait basculer une vie et souvent celle des plus jeunes. J'ai souvenir qu'alors que je travaillais dans les quartiers nord, nous étions inondés d'affaires de stupéfiants. Étaient remis à nous d'innombrables consommateurs et dealers sans que l'on ne puisse apporter une vraie solution à ce phénomène que nous avons vu croître au nez et à la barbe des autorités alors que du simple flic de terrain au chef de groupe d'enquête que j'étais, passions notre temps à alerter notre hiérarchie sur l'aspect exponentiel des trafics de drogue comme sur la détermination et la violence des jeunes gens enrôlés dans lesdits trafics. Pour détailler cet aspect, il faut se remémorer les orientations et les stratégies dictées en haut lieu afin de lutter contre les trafics de stupéfiants. Pour ce faire il faut remonter aux années 80, période à laquelle je quittais ma cité après avoir assisté à l'arrivée de ce que nous nommions drogue : le Shit !

Dans ces années-là, il faut savoir que celui qui consommait cette « merde » était un camé et le seul fait de détenir quelques grammes de résine brunâtre était passible de lourdes sanctions pénales et d'une désapprobation quasi totale de la population à l'exception de quelques hurluberlus ayant décidé de vivre en marge de notre bonne société. C'est toujours dans ces années-là que la résine de cannabis est arrivée à Marseille de façon massive et s'est imposée, dans les quartiers nord, comme le véritable or brun puis en décimant, progressivement mais sûrement, ceux ayant mis un doigt dans cet engrenage. En 1980 la législation était sévère et les tribunaux rigides en condamnant sérieusement celui s'adonnant à la consommation et encore plus à la commercialisation de drogue. Lentement et encore une fois sûrement la législation a changé pour voir, une décennie après, outre une suprématie du shit, surtout une poussée impressionnante de la consommation ne se limitant plus aux quelques marginaux ayant érigé la fumette en véritable mode de vie mais ayant contaminé toutes les catégories sociales. Mais il est encore essentiel de rappeler qu'aucun des consommateurs de résine de cannabis n'était sanctionné. Le procureur de la République ne prenait comme décision qu'un classement sans suite avec un rappel à la loi (Code 56). Indéniablement ce laxisme a permis à la consommation de de développer pour devenir aujourd'hui ingérable tant le nombre de fumeurs est important.

C'est à cette période-là, j'exerçais alors en Brigade Anticriminalité, que j'ai constaté l'envolée de la consommation mais surtout que j'ai commencé à mesurer l'ampleur que cette drogue allait prendre. Nous sommes donc à la fin des années 90 lorsque la résine de cannabis est devenue un produit de consommation courante emmenant avec elle les armes et notamment la fameuse Kalachnikov. Marseille devenait la ville de l'AK 47 et les crépitements commençaient à se faire entendre et le sang allait se répandre dans les caniveaux de ces quartiers jusqu'alors presque méconnus du reste du pays et parfois même des Marseillais résidant dans le sud de la ville.

Ce qui est intéressant c'est de faire le parallèle entre les allégations de Samir et mon texte afin de constater les nombreux points de concordance et presque les mêmes visions sur cette poussée de la violence. Nous n'étions pas en accord sur tout et bien évidemment pas sur les tueries mais, vue chacun depuis nos positions, nous pouvions constater que notre vision ne divergeait pas lorsque nous évoquions le laxisme des autorités ayant largement contribué à laisser proliférer les trafics pour les déplorer quarante années après et trop souvent en faire le bilan à des fins électorales.

Dès lors ce qui m'intéressait était de faire, en parallèle des confidences de Samir, mon propre bilan sur les quartiers nord de Marseille et l'état des trafics de stupéfiants les ayant gangrenés.

7

Fou

Samir était fou. Une forme de folie, de pathologie mentale l'avait dévoré pour n'en faire qu'un tueur sanguinaire incapable de mettre un terme à sa spirale de violence et au-delà de cela un assassin persuadé d'être dans une forme de normalité. La sienne bien sûr. Celle des quartiers nord de Marseille surtout. Samir était incapable de raisonner, de réfléchir autrement qu'à travers sa logique et avec ses repères. Toujours les mêmes, ceux que la cité lui avait imposés. J'avais pourtant essayé à plusieurs reprises de le conduire sur des sentiers différents de ceux qu'il connaissait mais l'aventure ne lui disait rien et je constatais, malgré une intelligence bridée, un rejet radical de tout ce qui aurait pu lui permettre d'analyser, de comprendre ce qu'il était devenu et enfin d'admettre que cela ne pouvait plus continuer ainsi. Pour ce faire je l'entraînais ailleurs que dans la cité, je le conduisais sur les chemins plus propres et calmes de l'analyse politique en espérant l'entendre me dire que j'avais raison et qu'il fallait qu'il arrête. Peine perdue, espoirs vains. Il ne connaissait que la colère et les armes, l'argent et la drogue. Il était perdu et j'avais vite constaté que mes espoirs de le remettre face à un destin plus serein étaient voués à l'échec. Je devais me contenter de ce qu'il acceptait de me donner : des déclarations choc qui allaient me déstabiliser.

Mais cette rencontre ne devait pas se limiter qu'à ce texte, il me semblait que je devais aller à la recherche d'autres choses. Une auto-analyse peut-être, une forme d'introspection pour moi aussi parvenir à comprendre le type d'individu que Samir était et sans aucun doute être amené à réfléchir sur moi et ma vision de la société. Ambitieux me direz-vous, certes mais écouter un tueur parler pour noircir des pages ne servirait à rien si pas grand-chose d'autre que des révélations sordides allaient être couchées sur le papier en délaissant les aspects sociaux et sociétaux et plus encore psychologiques, véritables causes à mon sens de la déchéance de cet homme formaté par un mode de vie que notre société avait été capable de lui proposer. Pourtant je n'avais aucune raison de mettre en doute la véracité de ses propos, d'une part parce que je lui avais fait entièrement confiance et que j'avais très vite cerné ses intentions et d'autre part parce que j'avais pris la peine de vérifier auprès de mes relations policières l'ensemble des éléments qu'ils m'avaient apportés. Ainsi je devais comprendre entre ses mots et ses phrases ce que Samir m'avait offert en plus de son simple et sanglant récit et cela s'avérait peut-être bien plus lourd à porter que les détails sordides des assassinats dont il était l'auteur. Je réalisais qu'assumer le récit des homicides allait être moins pénible que le fardeau que je m'étais moi-même imposé à savoir une analyse sur ces quartiers et sur le type de personnes auquel Samir appartenait. En fait j'avais remué une fange malodorante pour soigner mes propres maux et afin de répondre à une multitude de questions que je me posais sur l'inertie des pouvoirs publics, des autorités judiciaires et bien plus largement sur la politique de la ville rendue inexistante par des palabres stériles et des non-actions. La question était donc pourquoi avoir abandonné ces quartiers et les avoir laissés face à ce phénomène grandissant et prévisible de la violence induite par les trafics de stupéfiants, quels étaient les intérêts et il y en avait-il à semer la paupérisation sociale comme le marchand de sable saupoudre les yeux mouillants des jeunes enfants afin qu'ils trouvent le sommeil. Les quartiers nord n'ont pas trouvé le sommeil, ils ont compris que le seul moyen de s'extirper de leurs conditions minables de vie allait passer par le shit et… les armes !

La guerre était déclarée contre un ennemi putatif, contre une société capitaliste ayant érigé en modèle absolu le fric plutôt que la valeur travail. Finalement Samir n'était qu'un ouvrier de cette industrie. Je parle de guerre, je n'hésite pas à utiliser ce mot même si je le trouve souvent excessif et non adapté à la situation des cités du nord de Marseille. Inadapté parce que trop fort et évidemment parce qu'il ne s'agit pas d'une véritable guerre comme on l'imagine avec des soldats identifiés s'affrontant dans des tranchées pour gagner du terrain sur l'ennemi. Non il ne s'agit pas de ce type de bataille et encore moins de guerre puisque déjà elle se déroule entre jeunes gens impliqués dans les trafics qui, après avoir été ami, s'entre-tuent pour des territoires ou pour un simple regard. Nous ne sommes pas dans un conflit où deux camps vont combattre mais bien dans un succédanée de guéguerre où celui devant être le principal soldat, identifié comme étant l'état, a rendu les armes bien avant d'avoir signé un armistice. L'état a refusé de combattre en laissant les trafics s'intensifier et en générant des Samir par quantité incommensurable. Les quartiers nord de Marseille son connus pour être le théâtre d'opérations sans que se soit déclaré une vraie guerre mais en ayant vu fuir, lâchement, un état pleutre ou trop souvent incapable de gérer de telles situations. Cet abandon s'est fait de manière progressive et comme Samir me le confirmait c'est en brillant observateur qu'il a pu comprendre les rouages des institutions policières et judiciaires et parvenir à en jouer jusqu'à devenir insaisissable alors que les fonctionnaires des brigades criminelles et de répression du banditisme connaissaient tout des actions de ce dernier. Les questions qu'il faut dès lors se poser c'est pourquoi et comment a été organisé ce retrait très vite transformé en renoncement et pour un policier de terrain que j'ai été il n'est pas difficile de recouper les propos de Samir avec le constat que j'ai pu effectuer alors que je m'évertuais à signaler à mes hiérarchies le phénomène grandissant des trafics de stups, l'arrivée massive des armes et enfin l'extrême violence dont les jeunes mineurs faisaient état tout comme leur détermination.

Je l'ai précisé supra j'ai été le spectateur passif de cette décadence programmée et je ne peux aujourd'hui, après le témoignage recueilli, me sortir de la tête les coïncidences comme le peu de points de divergences qui sautent aux yeux en lisant cet ouvrage et en comparant les propos de Samir et les miens. En somme Samir et moi nous retrouvions sur le thème des conditions de vie et nous ne pouvions pas occulter les difficultés inhérentes à la vie en ces lieux mais de là à affirmer que vivre dans ces cités conduisait naturellement et automatiquement vers le deal et la violence il y avait un pas. Ce chenal à franchir n'est évidemment pas immense et le traverser est aisé surtout pour moi afin de me rapprocher de Samir alors que l'inverse semblait impossible. Mon raisonnement est simple et ce qui m'avait le plus marqué chez Samir c'était son détachement de tout ce qu'il vivait et de ce qu'il avait vécu. C'était comme une sorte de blindage et je m'étais efforcé de le percer pour aller voir derrière, pour en obtenir encore plus et l'entendre me dire qu'il regrettait ce qu'il faisait. Mais c'était perdu d'avance. J'avais encore constaté une dichotomie entre la gravité des actes allégés et son attitude comme sa facilité à me les raconter. Forcément je m'étais longuement interrogé sur cela et j'avais même tenté de poser ces questions à Samir sans qu'il ne parvienne à y répondre avec précision. Il louvoyait pour ne pas répondre mais j'avais aperçu en lui quelques détails qui laissaient apparaître, derrière l'homme violent capable de tuer, un être égaré dans un marasme et un déchaînement de violence auquel il avait dû faire face pour survivre et gagner sa place dans le deal. Pas une fois il ne reconnut que j'avais raison, que ses actes étaient affreux et qu'il fallait qu'il cesse avant de devenir une cible. Cela aussi il l'avait assimilé et il se préparait à mourir. Pour lui c'était presque une évidence et n'avait-il pas accepté de me parler pour me laisser son témoignage en héritage, n'avait-il pas accepté de le faire pour se débarrasser de ce qui le hantait au quotidien ?

Aujourd'hui, lorsque j'y songe, je suis persuadé que c'est bien pour cela qu'il l'a fait et non pas en songeant à sa mère en l'imaginant au commissariat pour être avisé de l'assassinat de son fils. Le rapport qu'il entretenait aujourd'hui avec sa mère était complexe et relevait plus du regret que de l'amour. D'ailleurs aimait-il quelqu'un, pouvait-il être lui-même aimé et au-delà de cela savait-il quelque chose de ce sentiment. L'avait-il un jour éprouvé, ressenti ? Je savais bien que non et je l'avais très vite compris alors qu'il me relatait avec force détail comment il avait abattu cinq hommes et en avait fait abattre plusieurs pour asseoir son autorité.

Je parvenais à présent à prendre du recul sur le témoignage de Samir et cela me permettait enfin de l'analyser plus sereinement. Ce qu'il m'a donné est fort, puissant.

Je dois le respecter.

8

Non-dits

J'évoquais l'éducation. Samir n'en avait pas eu, il s'était élevé seul dans un univers de béton et de came. Devais-je considérer cela comme des excuses, des circonstances atténuantes ou simplement comme une fatalité que l'on trouve dans ces coins de nos villes et notamment à Marseille ? Accepter la fatalité impliquerait la mise en exergue d'excuses, de tolérance voire d'acceptation mais cela permettrait de comprendre comment on devient un Samir. C'était bien cela le but de ce livre.

J'avais passé des heures à ses côtés, de longues heures à écouter ses mots parfois justes, souvent violents et rancuniers. Il avait une sorte de colère en lui, une ire puissante lui permettant de survivre dans l'univers qui était le sien. Fallait-il être ainsi, fallait-il être animé par de la colère pour avancer et surtout pour ne pas tomber sous les balles des Kalachnikov, de toute évidence oui et la longévité de mon interlocuteur l'attestait. Néanmoins je ne pouvais me résigner à rester avec cette incompréhension et ces non-dits. Samir avait été très prolixe et si taiseux à la fois. Je restais sur ma faim et j'avais compris que le reste c'était bien moi qui devais aller le chercher cette fois dans ma tête et plus dans la sienne. Je devais analyser ce que Samir m'avait laissé pour en extraire une conclusion et donner un sens à ses silences et comprendre entre ses phrases et parfois ses colères. Je ne suis pas psychologue et je n'ai aucune envie de me lancer dans une analyse fastidieuse en décortiquant ce que m'avait confié cet homme. Ce que je sais c'est comment fonctionnent ces gens-là et dans quel environnement ils évoluent. Cela est-il suffisant pour avancer dans mon raisonnement, cela est-il à la hauteur de la tâche que je me donne ? Bien évidemment il n'a pas été très compliqué pour moi de me poser et de réfléchir en ayant obtenu des révélations de Samir mais ce qui m'avait surpris et choqué c'est l'absence de culpabilité et cette faculté à rejeter sur l'autre, sur la politique, sur les conditions de vie puis sur les rivaux la responsabilité de son propre échec personnel et même de sa propre violence. Pour Samir devenir un dealer puis un tueur n'était qu'une suite logique et un destin évident pour un jeune homme ayant grandi là. Il était donc désormais intéressant de décortiquer cela afin de poursuivre mon analyse et de tenter de comprendre le fonctionnement intellectuel des tueurs des quartiers nord. Pour Samir, ses pseudos homologues, ceux ayant choisi la même voie que lui, raisonnaient de la même façon et il devenait logique pour lui de trouver normal de prendre les armes pour abattre froidement un concurrent. Il l'avait fait à plusieurs reprises.

J'avais tenté de l'éclairer, de lui préciser comme on peut le faire à un très jeune enfant, la valeur de la vie. De la sienne et bien entendu celle des autres. Samir semblait ne pas comprendre mes phrases comme si je lui parlais dans une autre langue, une langue inconnue car pour lui la vie n'avait pas la même valeur que pour moi. Une vie, pour cet homme, n'était que l'incarnation d'un rival devant être abattu pour que son commerce subsiste. Rien de plus.

Samir ne considérait rien d'autre que cela, pas de pensées pour la maman encore moins de songes pour l'impact social de ses gestes fatals. C'est bien ce raisonnement qui est intéressant et sur lequel il faut se pencher. Parvenir à ne plus raisonner jusqu'à penser que tuer est un acte banal et sans autre importance que la peur d'une potentielle riposte de la bande rivale, des services de police puis de la justice. En fait Samir ne craignait rien, rien de ce que le commun des mortels va prendre en considération, va appréhender avant de commettre un acte répréhensible. Qu'est-ce qui peut faire basculer un homme dans une telle situation, dans un tel raisonnement ?

J'avais passé des heures et des heures au plus de Samir et je n'étais pas parvenu à répondre à l'ensemble de ces questions peut-être parce que je raisonnais avec mes connaissances et mes réflexes de citoyen privilégié lorsque l'on compare ma situation à celle de Samir. Alors il fallait que je réfléchisse différemment, que j'adopte les attitudes et peut-être même la gestuelle de Samir pour devenir, le temps de cette analyse, le tueur qu'il est.

Difficile épreuve…

9

Donner la mort

Je n'ai jamais donné la mort.

Écrire la phrase précédente est un acte étrange et le faire relève de l'exploit, prouesse bien plus facile que d'écrire le contraire. Alors, comment devenir, le temps du récit, un tueur sanguinaire et un habitant des quartiers défavorisés du nord de Marseille et comment parvenir à raisonner comme lui ?

Une fois encore l'exercice peut sembler insurmontable lorsque l'on a évolué tout au long de sa vie dans un milieu protégé et lorsque l'on a trempé de trop longues années dans les commissariats de ce coin de France. Un coin délaissé où les flics comme les dealers tentent de survivre pour se combattre dans une bataille ardue, sans répit ni pitié. Les quartiers nord de Marseille restent dans la mémoire de tout un chacun après les avoir vu à la télévision dans un reportage dénombrant les cadavres jonchant les rues. Il va de soi que l'on associe maintenant ces quartiers à des armes et notamment la Kalachnikov et que tout le monde sait, dans ce pays, que les trafics de stupéfiants s'y sont installés sans que leur soit opposée une véritable autorité. Alors il faut s'interroger sur cette aisance et ce laxisme ayant largement facilité le shit à devenir l'herbe la plus répandue et la cocaïne à demeurer la poudre la plus sniffée dans des secteurs où jadis il faisait bon vivre. Se questionner ainsi ne sert presque plus à rien puisque la violence et la came se sont logées là et semblent être devenues indélogeables. Ce constat-là et cette analyse relèvent de la compétence des sociologues et des responsables politiques, elle ne m'appartient pas pour deux raisons. La première est encore une affaire de compétence alors que la seconde est qu'établir un tel bilan ne servirait qu'à perdre du temps et de l'énergie alors qu'il est grand temps de passer à l'action. Néanmoins, pour mon récit, je vais tenter de comprendre le cheminement de Samir en le comparant à ma propre expérience de policier de terrain dans ces quartiers. Il est intéressant de voir si les courbes de la paupérisation des services police engendrant une défection terrifiante et une quasi-incapacité à apporter, dans leur domaine d'action, une réponse adaptée est parallèle à celle de la montée fulgurante des trafics des stupéfiants comme de celle de la violence des dealers.

Samir m'avait raconté, par le menu, son entrée et sa progression dans le milieu de la drogue et avait insisté sur une quasi-absence d'opposition, de répression. Il n'avait pas hésité à me détailler comment il avait transporté le shit dans son cartable en passant devant les équipages de police en uniforme chargés de sécuriser son école mais ce qui m'avait le plus interpellé était cette facilité déconcertante avec laquelle il avait été approché puis recruté dans le deal de sa cité. Les choses s'étaient déroulées le plus naturellement du monde comme si ce recrutement était évident et une fois encore normal. Je compris très vite, alors que j'étais encore en activité, que la norme n'était pas la même en fonction de l'endroit où nous évoluions. De norme, dans ces quartiers, il n'y en avait qu'une et ce n'était certainement pas celle du Code pénal. Pas la mienne surtout !

Parvenir à raisonner comme un tueur est une épreuve et se projeter dans l'univers de Samir est tout aussi difficile. J'ai connu les quartiers nord, je les ai vus évoluer sans pour cela parvenir à comprendre complètement ce qu'il s'y déroulait bien que j'étais en prise directe avec les problématiques puisque j'étais censé y œuvrer comme « médecin » au chevet de ces cités. Très vite j'ai compris que praticien je ne serai pas et que je devais me contenter de n'être qu'un brancardier chargé de relever les corps inanimés et de gérer une multitude de dossiers de trafics de stupéfiants que personne, ni la police et ni la justice, ne voulait et ne pouvait régler. Nous n'étions finalement que les spectateurs passifs et fascinés de cette profonde et transversale mutation qui emportait, telle une déferlante, les cités des quartiers nord vers un échouage terrible et sanglant. Ce qu'il faut appréhender dans notre passivité n'était évidemment pas dû à des choix que nous policiers avions faits mais bien à la non-maîtrise d'un phénomène que nous avions laissé s'installer et proliférer. Je le disais plus haut nous avons vu les trafics s'installer comme nous avons assisté à la rapide déliquescence des quartiers nord, nous les avons contemplés chuter dans une misère aussi rapide que puissante. De la même manière nous avons croisé, dans nos locaux, de nombreux jeunes gens qui, de toute évidence pour les enquêteurs que nous étions, étaient sur la rampe de lancement de la criminalité et d'une violence indescriptible tant elle était intense et, au moins pour eux, logique. Ces constats là nous les faisions tous en déplorant une situation qui nous échappait et que personne, dans les autorités administratives et judiciaires, ne désirait enrayer. Ce qu'il faut voir encore dans cette analyse ce sont les stratégies utilisées, appliquées par les différents ministères tout au long de ces quarante dernières années mais aussi la politique locale, municipale laissées, durant presque trente années à une équipe vieillissante et trop souvent incompétente. En ce qui concerne la politique de la ville et du transfert de responsabilités de l'état vers les collectivités territoriales nous avons assisté à un abandon et à une orientation de la politique Marseillaise plus qu'incompréhensible. En effet, Marseille est restée longtemps à la traîne en matière de sécurité et à une époque où mettre en place une véritable police municipale était non seulement urgent mais sérieusement préconisé, monsieur Gaudin, dinosaure politique, tardait à réaliser qu'une telle installation de force de police devenait une urgence et un impératif. Dans cette carence il faut voir, une fois encore, le retard que la dauphine des villes de France a pu prendre en matière de sécurité et bien que la vocation initiale d'une police municipale n'est évidemment pas de lutter contre le fléau de la drogue dans les cités, il aurait été extrêmement judicieux de soulager, par un apport massif de policiers, les forces de sécurité d'état elles-mêmes noyées sous les dossiers de moindre importance mais saturant les services et notamment ceux du nord de la ville, services auxquels j'appartenais.

De plus sur le plan local rien n'a été fait pour désenclaver la partie septentrionale de la ville comme s'il fallait cacher ce pan entier d'une ville et notamment le plus sale, le plus laid. Ainsi la trentaine de cités que compte la ville a été littéralement abandonnée aux dealers en laissant croire aux crédules que seul l'état détenait le pouvoir d'inverser la tendance. Cette lâcheté municipale cachait-elle une incompétente ou pire encore une volonté délibérée et bien trop flagrante de laisser crever une population qui aujourd'hui vit largement sous le seuil de pauvreté et dont les chiffres du chômage font frémir en caracolant à plus de quarante pour cent en fonction des secteurs. Cela nous l'avons vu se mettre en place sans que rien n'y soit opposé tant au niveau local que national. Car l'état, lui aussi a une part importante de responsabilités dans la chute des quartiers nord et si Samir a pu évoluer librement jusqu'à prendre les armes c'est bien au pouvoir régalien que l'on doit demander au moins des comptes et à minima des explications.

Des Samir l'état en a créé des dizaines. Aujourd'hui ils abattent en toute impunité ceux qui auraient l'audace de les provoquer.

Pauvre ville, Pauvre France …

10

En arriver là

Si ce témoignage doit servir à quelque chose, ce doit être à conduire à un raisonnement. En ce qui me concerne depuis son écriture je n'ai pas cessé de réfléchir et aujourd'hui je pense encore. La question qu'il faut se poser est simple mais elle me semble oublier des responsables politiques, seuls à pouvoir enrayer ce phénomène de tueries. Cette interrogation devant conduire à raisonner est bien de chercher à comprendre comment et surtout pourquoi nous en sommes arrivés là, comment avons nous pu laisser naître des Samir. Cette question il est aisé de la poser mais ce qui reste difficile est bien d'y apporter une réponse cohérente et devant permettre d'apporter des solutions. Car bien évidemment ce qu'il fait défaut à ce jour reste les solutions pouvant améliorer le quotidien d'un tiers de la population Marseillaise vivant souvent en dessous du seuil de pauvreté et s'adonnant à la vente de produits stupéfiants.

Afin de trouver à défaut d'une réponse au moins une piste, j'ai fait appel à mon expérience de policier de terrain afin d'analyser les différentes stratégies de sécurité publique ayant été appliquées ces dernières années. De toute évidence ce qui me sautait aux yeux était une forme de lâcheté des responsables politiques refusant non seulement d'appliquer la loi mais au-delà de cela de voir les réalités en face. Depuis plus de vingt ans nous avons abandonné le renseignement criminel parce que, bien évidemment, les circonstances nous y ont contraints mais surtout parce que, pris dans une politique globale de restrictions budgétaires, il devenait plus efficace de faire du chiffre plutôt que de travailler en amont sur les approvisionnements en matière et sur les réseaux. Très onéreux en termes de personnels, de matériel et de temps le renseignement criminel a laissé la place à celui s'intéressant, à juste titre d'ailleurs, aux problèmes de terrorisme. Mais voilà le terrain ayant perdu ses agents de renseignements laissait proliférer les trafics et donc la violence. Ce qui est vrai pour le renseignement est applicable également aux services qui jadis étaient chargés de l'investigation. La diminution de personnels et les impératifs chiffrés ont eu raison des belles affaires diligentées sur plusieurs mois voire même une année. La police devenue comptable d'une activité devait fournir des chiffres plutôt que des notes de frais. Mais voilà ces deux absences ont largement permis à laisser le champ libre aux trafiquants freinés dès lors par quelques pertes sèches faites au hasard de belles affaires données par des indicateurs désireux eux-mêmes d'implanter leur propre réseau. Ce qui est flagrant dans le récit de Samir c'est aussi cette facilité qu'il avait à évoluer dans les réseaux semblant n'être ralentis seulement par des concurrents violents plus que par des policiers zélés.

Marseille reste un cas particulier même en matière de lutte contre le trafic de stups car si on analyse les comportements des autorités locales, comme nationales, on réalise vite que rien ne se fait comme ailleurs. Tout d'abord c'est bien sur le plan local que rien n'a été fait pour désenclaver les quartiers nord. Une absence de transport en commun digne de ce nom comme un refus d'en construire pouvant rapprocher le nord pauvre du sud riche fut, durant le règne de l'équipe Gaudin, flagrant. L'état de délabrement des écoles communales notamment dans le secteur nord de la ville n'a fait que contribuer à la perte de la notion de respect et d'éducation. Comment avoir envie d'aller à l'école lorsque les bâtiments sont en état de ruine, que les plafonds s'écroulent et qu'il faut conserver sur soi sa veste tellement il fait froid ? Si on associe cela à la perte d'identité due à une double culture et une difficulté de s'intégrer dans une population dominante par sa position sociale supérieure on fabrique des bombes qui ne cesseront jamais d'exploser. Ce qu'il faut mesurer encore est l'extrême pauvreté qui règne dans ces quartiers-là tout comme les formes de misères que l'on peut y déplorer. La misère n'est pas seulement sociale, elle peut être intellectuelle et cette dernière semble bien plus dévastatrice que celle qui vide le porte-monnaie. Cette inculture est également flagrante lorsque l'on pénètre dans les quartiers et les cités. Il y règne une ambiance lourde d'ignorance et d'incapacité à s'élever tant sur le plan social qu'intellectuel. Le savoir n'a pas sa place dans la majeure partie des cités des quartiers nord de Marseille. Alors bien évidemment tout ce qui peut rapporter gros et vite est acquis, est intégré pour ne devenir plus que l'unique référence pour un tas de jeunes gens voyant dans le trafic de stupéfiants l'unique moyen de s'élever et de pouvoir aussi s'offrir de belles choses sans trop se soucier de leur lendemain. Car ces jeunes gens estiment déjà que d'avenir ils n'en n'ont pas et le seul que l'on peut leur offrir reste celui de végéter dans leur cités à attendre la fin.

Une fin qui grâce ou à cause des trafics ne saurait tarder à arriver…

11

Message

Ce que j'ai voulu laisser avec ce texte qui n'est ni un témoignage, pas un roman non plus et encore moins un polar reste une trace de ce que sont les quartiers nord de Marseille. Ce secteur de la ville incarne à lui seul l'échec de plus de trente années de politique de la ville et de sécurité sans parler bien entendu de la lutte contre le trafic de drogue. Dans ces endroits plus rien, excepté la came, ne vit. Plus rien de positif et lumineux, seulement la misère et la mort rôdant autour de ces blocs de béton.

Je le disais supra, ces quartiers je les ai vus évoluer, je les ai vu sombrer dans une paupérisation exponentielle et tout ce qui représentait la vie a disparu pour ne laisser que la grande faucheuse installer sa loi. Celle du règlement de compte. Marseille est gangrenée, ses quartiers nord sont perdus et le centre de la ville semble aussi contaminé sur les plans administratif, policier, social, sociétal. Il s'agit là de la deuxième ville de France…

Le témoignage de Samir est représentatif de ce que sont ces jeunes bien que lui dénotait dans beaucoup de domaines. Il savait aligner deux phrases sans grossièretés, lorsqu'il le voulait, et pouvait tenir une conversation. La plupart de ses « camarades » ou « collègues de travail », chacun choisira le terme qu'il estimera le mieux adapté, reste inculte et analphabète. Ne disposant que de quelques centaines de mots de vocabulaire français ils ont évidemment énormément de mal à communiquer avec ceux qui auraient le courage d'aller à leur rencontre. Il y a un peu d'ironie dans ces propos mais il est important encore une fois de décrire ces jeunes gens comme ils le sont réellement pour faire voler en éclats le portrait peint par de nombreux journalistes. Ils sont représentés comme des voyous structurés, organisés et ayant une volonté de progresser dans leur business illégal. Tout cela est caricatural et le comportement de Samir est révélateur de ce que ces criminels sont réellement, à savoir des hommes assoiffés de sang et cupides ne connaissant qu'une règle : celle de la Kalachnikov ! Le reste ils sont incapables de le gérer. Pas d'organisation ou alors une structure embryonnaire ne perdurant jamais trop longtemps puisque très vite déstabilisée par un concurrent aux dents acérées. Pas ou très peu de projections dans l'avenir et ce pour deux raisons, la première étant qu'ils sont incapables de se projeter et la seconde c'est qu'ils savent que leur durée de vie est souvent, voire toujours, très courte. Dans ces organisations-là, on cherche très souvent le chef car c'est une nébuleuse et il est extrêmement difficile d'obtenir des renseignements par ceux qui seraient interpellés ou par des gens de cité. Là il existe un secret et surtout une peur démesurée d'être abattu !

Un message… y a-t-il un message dans ce texte ?
S'il y en a un c'est bien celui que j'ai évoqué à savoir l'échec d'une politique et un refus de nos dirigeants d'anticiper ce phénomène que nous, flics de terrain, avions vu arriver.
Le reste n'est que palabres …

12

Plus le même

Ce matin c'est bien à lui que je pense, c'est bien Samir qui occupe mon esprit et ne parvient pas en sortir. Il s'est installé dans mes songes et mes raisonnements et chacun de ses mots me revient en mémoire aisément jusqu'à résonner intensément et m'empêcher d'entrevoir autre chose, quelque chose de mieux, de plus positif. Car je l'affirme Samir m'a laissé un héritage, un fardeau bien trop lourd que je dois poser là ou ailleurs, dont je dois me débarrasser avant qu'il ne me dévore entièrement. Dans son récit il y avait plusieurs choses, du très mauvais, de l'excessivement violent mais aussi du moins mauvais pour ne pas dire du bon. Bien évidemment ce qui me marque le plus reste son témoignage puissant sur les hommes qu'il affirme avoir abattus pour défendre son business et les homicides qu'il a commandités mais ce matin je songe à autre chose. Ce que je m'étais donné comme challenge était de déterminer, de mettre en évidence ne serait-ce qu'une once d'humanité dans cet homme et dans son récit. Comment extraire quelque chose de positif dans une telle histoire et comment trouver sinon des circonstances atténuantes au moins des explications cohérentes à un tel destin ? Vaste question à laquelle j'ai encore du mal à répondre et même à mettre des mots sur ce que j'avais pu entrevoir ou peut-être voulu constater comme s'il devait y avoir absolument quelque chose à sauver chez cet assassin. Ne l'avais-je pas vu comme j'avais voulu le voir, ne l'avais-je pas idéalisé pour lui trouver des excuses ou pour me trouver des alibis à être allé à sa rencontre et avoir provoqué cet échange ? Que de questions et que de tourments...

Je m'apprête à mettre le point final de ce texte et je ne sais encore pas dire je me sens mieux, si l'écriture de ce livre m'a soulagé. Toujours est-il que j'ai vécu de grands moments d'intensité et que j'ai eu la chance d'approcher, autrement qu'en lui plaçant les menottes, un tueur des quartiers nord de Marseille. Je n'en fais pas une fierté et je ne saurais encore décrire ce que je ressens. C'est étrange.

Ce que je sais c'est que Samir a été honnête dans son récit et je mesure ce que ce témoignage lui a fait également endurer. Reste t-il lui aussi marqué, regrette-t-il de l'avoir fait et tant d'autres questions que je me pose encore à ce jour et auxquelles je ne répondrai pas.

Ce matin je suis incapable de dire si Samir est en vie ou s'il est tombé sous les balles de ses rivaux. Je n'ai plus de nouvelles de lui et je n'en veux pas. Il est préférable qu'il reste, s'il est encore en vie, loin de moi. Très loin...

Je tiens malgré tout à le remercier pour ce qu'il a fait pour moi, pour que je puisse écrire ce livre et apporter une vision réelle des trafics de stupéfiants dans ces quartiers nord de ma ville.

Je n'éprouve rien. Pas d'empathie, pas d'amitié non plus.

Il a choisi sa vie, maintenant que j'ai mis cela sur le papier moi je dois vivre la mienne.

Vais-je être encore le même ?

Épilogue

Epilogue

Hésitations

Avant de mettre un point final à ce texte je dois quelques explications à mes lecteurs. Ces dernières lignes sont le résultat de mes pensées durant les semaines ayant précédé l'écriture de ce texte. Hésitations, tergiversations ont été mes ressentis. Les voici elles aussi sur le papier.

Marseille, un mois de Juillet.
Un été Provençal durant lequel un soleil ravageur inonde les rues encore et toujours sales de ma ville laissant tomber une chaleur caniculaire sur une population mal réveillée formant comme un couvercle à la violence et au narcobanditisme. On étouffe !
Un été durant lequel je reste enfermé devant mon ordinateur à m'interroger sur le bien-fondé de mes écrits et surtout leur intérêt et pourtant je regarde mes doigts parcourir ce clavier élimé, je les regarde mettre en forme un ouvrage que j'hésite pourtant encore à écrire, un livre étrange que je ne sais comment rédiger. J'ignore toujours par quoi et comment je vais débuter et pourtant j'ai besoin de l'écrire, besoin de poser, plutôt de jeter sur le papier ce que cet homme m'a donné. Un homme, un simple

homme fait de sang et d'os, un homme certainement doté d'un cœur mais n'ayant pas d'âme.

C'est un fardeau, un très lourd fardeau que je porte depuis maintenant quelques mois, un fardeau que je ne sais où poser tant il est difficile à porter. Une fois de plus je suis tiraillé entre le besoin de le faire et la crainte de voir ressurgir ce qu'il m'a confié. Étrangement ce sont les mots qui me font défaut, un peu comme si ma maîtrise de la langue française n'était plus, comme si je n'en avais jamais eu. Pourtant je sais que je dois le faire pour me soulager, pour cracher ce que je ne pourrai jamais avaler, digérer.

Je pense à John Caffé, ce personnage de Stephen king dans son œuvre magistrale La Ligne Verte. Cet homme, ce géant ingurgite puis recrache sous forme de millions de particules, dans une nuée d'insectes les saloperies dévorant les femmes et les hommes croisant sa route. Cette femme ayant une tumeur au cerveau ou son geôlier souffrant d'une infection urinaire, John peut les libérer, il peut les soigner en absorbant le mal. Moi ce matin le mal j'ai l'impression qu'il est en moi, qu'il me dévore depuis que j'ai recueilli les confidences d'un voyou, d'un criminel, un tueur des quartiers nord de Marseille.

D'ailleurs dois-je l'écrire, dois-je prendre ce risque d'être pris pour un menteur et pire encore suis-je en droit de m'exposer autant en allant à la rencontre d'un lectorat ignorant ce que sont les trafics de stupéfiants mais surtout comment et pourquoi cette ville reste passivement la comptable d'une litanie morbide semblant ne pas vouloir cesser.

À Marseille les nombreux règlements de compte sanglants défraient la chronique judiciaire, ils sont pour les Marseillais un triste quotidien alors que pour le reste du pays ils ne sont que faits divers et bien triste banalité d'une ville noyautée par les voyous. Pour moi c'est une réalité pathétique, inéluctable et je viens de prendre en pleine face la réalité narrée par un des protagonistes de ce phénomène, un tueur !

De toute manière c'est fait. J'ai rencontré durant les mois précédents cet homme jeune et presque beau, je l'ai écouté me relater son histoire avec un cynisme et une froideur terribles et de nos entretiens sont nées des notes, des réflexions et des horreurs entassées dans ma tête. J'ai rencontré cet être fascinant par son parcours criminel et sa haine de tout et de tous ceux qui peuvent s'opposer à lui. Aujourd'hui je suis marqué par ces dialogues, ses monologues et ses attitudes trop souvent teintées de froideur et de haine mais aussi de violence. Mais étrangement ce qui me glaçait le plus le sang c'était bien ses silences et ses regards furtifs et parfois insistants. Froids, glaciaux !

Ces entretiens ont duré longtemps, trop peut-être puisque je suis fatigué de réfléchir, je suis épuisé de me questionner sur le pourquoi et le comment d'un tel livre. Je dois déposer sur le papier tout ce que je sais pour sans aucun doute m'en délivrer.
Mais un tel livre va-t-il intéresser les éditeurs, peut-il plaire à des lecteurs ?
Ces questions hantent ma tête depuis tout ce temps comme si je devais trouver une excuse à ne pas le faire, à ne pas l'écrire. Pourtant je n'ai pas peur, j'ai géré ce sentiment durant les semaines qui ont précédé et je sais qu'au fond de moi ce n'est pas une crainte qui m'anime mais plutôt une appréhension pour les miens, mes proches. Ceux que j'aime !
Ma compagne ignore tout de mon projet et si elle en avait connaissance elle m'en dissuaderait. Pour cette jeune femme une rencontre avec un tueur reste un acte irresponsable même si la finalité reste d'informer mes lecteurs et présenter, pour la première fois, un visage d'un criminel autrement qu'à travers des reportages bidonnés. Originaire de la région Toulousaine, exerçant pourtant sa profession au sein de « la grande maison » Police, elle a grandi loin des grosses agglomérations et surtout très loin de Marseille, pourtant elle pourrait comprendre cette

envie d'écrire un tel texte. Au début de sa carrière elle a connu les cités du 93 avec une affectation au commissariat de Saint Denis. Elle sait donc ce qui se déroule dans ces quartiers, elle connaît la violence qui y règne. Alors je lui ai dissimulé la vérité, j'ai édulcoré mon propos pour ne pas qu'elle m'imagine en tête à tête avec un tueur des quartiers nord de Marseille. J'ai même tourné cela à la dérision pour ne pas qu'elle s'inquiète. Je ne lui en parlerai plus, moins elle en saura et mieux ce sera.

Pourtant des livres j'en ai écrit, je les ai tous assumés même ceux qui dénonçaient un malaise grandissant au sein de la Police mais aujourd'hui c'est bien différent car ce que je dois mettre sur le papier peut surprendre voire même choquer le lecteur ignorant de cette réalité. Je sais tout cela mais je dois le faire. Comme un vulgaire insecte aveuglé par une lueur de lampe à pétrole un soir d'été, je suis attiré par cet ouvrage, aimanté comme un dérisoire brin de métal soumis à une force d'attraction terrible provoqué par un énorme aimant. Insoutenable !

Durant ma carrière de flic, j'ai croisé de nombreux voyous. J'ai eu l'opportunité de voir ces gens de près, de les côtoyer sans pour cela les aimer même si certains pouvaient être attachants à leur manière, par leur faconde ou leur calme durant leur garde à vue, parfois leur sens de l'humour.

J'ai croisé de tout. Des petites « frappes » détestables, car arrogants, des voyous confirmés et trop souvent taiseux et bien évidemment, puisque ma carrière s'est effectuée en grande partie dans les quartiers nord de Marseille, des dealers petits ou grands. De tous ceux-là c'est bien cette dernière catégorie que j'ai aimée le moins, que je détestais le plus.

Violents dans leurs gestes, dans leurs attitudes et leurs propos ces personnes-là sont à classer dans le type de voyous prêts à tout pour pas grand-chose. Ils ne sont animés que par de la haine et ne connaissent que l'irrespect et l'affrontement.

Ils évoluent dans un monde que peu de gens peuvent connaître excepté les flics, un monde où règnent en maître et comme seules références la mort et la désolation. Chez eux et pour eux, certains mots n'ont pas le même sens que pour le commun des Français, souvent ils n'ont même aucune signification et donc aucun intérêt. Sur leur galaxie la vie n'a pas la même valeur que pour d'autres, elle ne tient qu'à un fil souvent très mince et est soumis en permanence à des attaques l'érodant sans scrupules jusqu'à finir par lâcher. La vie de l'autre n'a aucune valeur et surtout si cet autre est un rival, un concurrent ...

Dans un précédent ouvrage j'ai opposé ces voyous-là au milieu traditionnel, au bandit d'antan animé par un pseudo-code d'honneur qui reste en définitive qu'un fantasme de journaliste et de cinéaste, je les ai opposés aux voyous qui à Marseille n'existent quasiment plus. Cette comparaison je l'ai faite pour décrypter le banditisme dans une ville qui m'a vu grandir et dans laquelle j'ai été flic. Une évolution rapide et violente a chamboulé le visage du banditisme local.

Mais Marseille n'a pas un ADN de voyou, je refuse de le croire, pourtant il s'y développe comme une plante sur un terreau excessivement fertile pour se muer de bonzaï en baobab à la vitesse grand V.

Mais durant cette croissance exponentielle, de nombreux jeunes gens vont y laisser des plumes, de nombreuses familles vont être endeuillées et le sang ne cessera pas de souiller les caniveaux des quartiers nord de la ville. Cela est quasiment quotidien ici. Comme la bouillabaisse et le Vieux-Port, c'est devenu l'image de la ville dont le blason blanc barré d'une croix bleu clair pourrait être remplacé par un fond rouge sang supportant une AK 47 noire, noire comme la misère des quartiers excentrés du nord de la ville.

Mais avant de terminer je me dois, une fois de plus, de présenter Marseille, je me dois de vous parler d'elle et je vais le faire comme si je parlais d'une femme, une femme insaisissable, une gonzesse incapable d'être séduite. Une cagole Marseillaise en somme.

Une cagole à Marseille ne représente pas la femme distinguée, furtivement maquillée, posée sur des talons fins et propres d'une paire d'escarpins de cuir. La cagole est l'antinomie de cela. Marseille est donc une cagole plus qu'une femme élégante et raffinée, elle incarne le bruit, le désordre et la colère des armes à feu laissant sur son bitume de nombreux jeunes gens aux ambitions criminelles tuées dans l'œuf. Les trottoirs des quartiers nord semblent baigner d'hémoglobine coagulée, un peu comme l'on indique l'entrée d'une agglomération par un panneau nominatif bordé de rouge. Ici on entre dans le secteur des dealers de shit, de cocaïne et de Kalachnikov est précisé à celui qui s'y serait égaré.

Marseille est exubérante, elle ne sait pas parler calmement. Elle hurle en permanence sa supposée suprématie sur la capitale ou sa supériorité footballistique. Même cela est usurpé.

Mais cette ville reste la deuxième de France et son presque million d'habitants contemple son déclin au travers d'informations souvent erronées, trop souvent spectaculaires pour mettre en scène une agglomération ou l'équipe municipale et son premier magistrat sont restés sourds trop longtemps à ses véritables maux.

Monsieur Payan s'est installé à la mairie récemment et la tâche qui l'attend est énorme …

Alors ce matin j'ai repris le chemin de mon bureau et j'ai décidé de parler de ma ville et de son banditisme à travers le témoignage d'un homme très impliqué dans la violence locale et c'est bien cela qui me taraude l'esprit depuis ces dernières semaines.

Je vais donc le faire sereinement, je vais le faire pour me débarrasser de tout ce que j'ai appris durant ces entretiens qu'il a bien voulu me donner, m'offrir même puisque c'est bien un cadeau qu'un tel individu pouvait faire à un auteur comme moi. Du moins je le considère ainsi.

Mais en guise de cadeau il m'a laissé des impressions et des ressentis étranges, une situation intellectuelle mêlée d'un sentiment de complicité, d'approbation et de détachement, de cynisme même. De toute évidence il me fallait cela pour pouvoir entendre ce que j'ai entendu et écrire ce que je m'apprête à retranscrire. De la colère et de la froideur, c'est peut-être ainsi et le plus succinctement que je résumerai cette rencontre, c'est aussi ainsi que je qualifierai cet homme glacial et insensible. Enfin je crois qu'il l'est même si parfois il se laissait aller à quelques confidences laissant croire qu'il pouvait pleurer et avoir des sentiments, des émotions même.

Il existait évidemment un autre risque à faire ce livre, celui de se perdre, mais aussi celui de vendre mon âme à un diable si j'avais été victime d'une sorte de syndrome de Stockholm, une espèce d'attirance étrange faite de fascination et d'envie d'en apprendre toujours plus.

Ne me suis-je donc pas égaré dans une rencontre sordide, dans une envie de mettre sur le papier l'histoire d'un homme au lourd passé et même au très lourd présent criminel, je m'interroge encore. Je traîne à ce jour des valises pleines de confidences que je n'avais jamais entendues même durant des auditions précédemment recueillies alors que j'étais flic. J'ai eu souvent froid dans le dos et j'ai très régulièrement suivi un long frisson parcourir mon échine. Il n'en finissait plus.

Qui suis-je pour le faire, ai-je une quelconque légitimité ?

Toujours est-il que je n'en ai pas moins que tous ceux qui écrivent sur Marseille sans jamais y avoir mis les pieds.

Je connais Marseille et ses quartiers nord. Je les ai sentis vibrer, je les ai vus vivre durant ces années où j'ai exercé comme flic de terrain. J'ai vu la cité dans laquelle j'ai grandi changer, je l'ai vu devenir le royaume des dealers et de la violence. J'ai assisté passivement à cela, je n'ai rien pu faire pour l'enrayer, pour changer quoi que ce soit. Je me sens coupable d'avoir laissé le shit remplacer le gazon sur lequel nous faisions glisser un ballon. Les bâtiments tombent en ruine, l'herbe n'est plus et le sang des gamins coule au ruisseau longeant le chemin que je parcourais pour me rendre à l'école communale.

Flic dans ces quartiers je n'ai rien fait, rien fait d'autre que de devenir le comptable des nombreux morts en pensant résoudre les problèmes lorsque je résolvais une affaire de stups. J'étais inutile mais je croyais servir. Alors cet ouvrage est quelque part une revanche pour démontrer que je ne pouvais rien faire, que mes actions n'avaient aucun sens et me faisaient glisser vers le néant en me retirant toute motivation à perdurer.

J'ignore encore pourquoi il m'a confié tout cela. Était-ce devenu trop difficile pour lui aussi, voulait-il tel John Caffé, me donner un peu de ce qu'il portait et me condamner à devoir le porter ? Je n'en sais rien…

Voilà ma véritable légitimité !

J'ai donc écrit pour me débarrasser de ce que Samir m'a donné. C'était bien trop lourd à porter.

© SUDARENES EDITIONS
ISBN : 9782374645445
Dépôt légal : second semestre 2019
www.sudarenes.com
www.sudarenes.fr